München

Margarete Graf

► ■ ■ ■ ■ ■
Diese Symbole im Buch verweisen auf den großen Cityplan!

Grüß Gott!

Mein heimliches Wahrzeichen	4
Erste Orientierung	6
Schlaglichter und Impressionen	8
Geschichte, Gegenwart, Zukunft	14
Reiseinfos von A bis Z	16

15 x München direkt erleben

1| Wo das Münchner Kindl wohnt – rund um das Rathaus   28
Der Marienplatz ist der Startpunkt aller Stadterkundungen. Hinter dem Rathaus locken Traditionsgeschäfte und moderne Shoppingmeilen.

2| Marktwirtschaft wie eh und je – der Viktualienmarkt   32
Hinter dem Alten Peter liegt der Bauch der Stadt, der Viktualienmarkt.

3| Prachtbau unter welschen Hauben – die Frauenkirche   35
Der große gotische Backsteindom überwältigt mit seinem strahlenden Innenraum. Die markanten Hauben sind das Wahrzeichen Münchens.

4| Neu belebt – der St.-Jakobsplatz   37
Spätgotisches Zeughaus, barockes Bürgerhaus und radikal moderner Synagogenbau schaffen ein Ensemble von reizvoller Spannung.

5| Bunt und schillernd – Gärtnerplatz und Glockenbachviertel   40
Die bunte Partyzone rund um das Theater am Gärtnerplatz schläft nie.

6| Wunder der Technik – Deutsches Museum   42
Das größte und bedeutendste technische Museum der Welt zeigt wirklich alles, was menschlicher Erfindergeist hervorgebracht hat.

7| Königliches München – die Residenz   45
800 Jahre herrschten die Wittelsbacher in Bayern, Zeit genug, ein Raumkunstensemble von höchster Vollendung zu schaffen.

8| Prächtiger Boulevard – die Maximilianstraße   49
Eine der Münchner ›Prachtstraßen‹ mit Nobelgeschäften und Theatern.

9| Die Welt der schönen Bilder – das Kunstareal   52
Vier Museen von Weltrang zeigen Meisterwerke der Malerei und der Bildhauerkunst aus sieben Jahrhunderten.

10| Gruß aus Griechenland – der Königsplatz   56
Hier liegt der Beweis, dass München den Namen ›Isarathen‹ verdient.

11| Schwabinger Geist und buntes Leben – das Univiertel   59
Das alte Künstlerviertel hat sich über die Jahrzehnte sehr verändert und ist sich doch treu geblieben.

| 12 | **Immer wieder neu – Altschwabing** | 62 |

Kabarett und Comedy haben östlich der Leopoldstraße ihr Zuhause, dazu auch ungezählte Clubs und Kneipen, Wirtshäuser und Bars.

| 13 | **Münchner Paradies – der Englische Garten** | 65 |

Der riesige Landschaftspark ist zu jeder Jahreszeit schön.

| 14 | **Königliche Sommerfrische – Schloss Nymphenburg** | 68 |

Der wunderbare Barockpalast hat in seinem ausgedehnten Park ein paar weitere kleine Schlösschen versteckt.

| 15 | **Erinnerungen an die Zukunft – der Olympiapark** | 71 |

Das leichte, beschwingte Zeltdach ist nicht nur ein Wahrzeichen Münchens, sondern auch Symbol für ein demokratisches Deutschland.

Noch mehr München 74
Gebäude, Plätze 74   Museen 80   Parks und Gärten 84

Ausflüge 86
Isarwanderung zum Kloster Schäftlarn 86   Starnberger See 86
Kloster Andechs 87

Zu Gast in München

Übernachten 90
Günstig und nett 91   Stilvoll wohnen 92
Essen und Trinken 94
Biergärten 95   Cafés und Frühstück 96   Gourmet-Lokale 97
Gut und günstig 98   Internationale Küche 99   Szene und Ambiente 99
Typisch München 100   Vegetarisch 100
Einkaufen 102
Delikatessen und Lebensmittel 103   Geschenke, Souvenirs, Design 103
Märkte 104   Mode und Accessoires 105   Schmuck 105   Trachten 106
Ausgehen – abends und nachts 108
Bars und Kneipen 109   Clubs und Discos 111   Kino 111
Konzerte und Oper 112   Kultur und Literatur 113   Livemusik 114
Schwul und lesbisch 114   Theater 114

Register 116
Autor, Abbildungsnachweis, Impressum 120

Grüß Gott!
Mein heimliches Wahrzeichen

Die Münchner sind gern draußen. Kaum sind ein paar Sonnenstrahlen zu erspähen, sitzen sie schon im Straßencafé, im Biergarten, auf einer Bank im Park oder wenigstens am Rand eines Brunnens. Oder im Englischen Garten. Und dort besonders gern an dem Hang des Monopteros. Denn hier spürt und sieht man die ganze Pracht der Stadt: die mächtige Kuppel der Theatinerkirche, den zierlichen Helm des Alten Peter, den stolzen Rathausturm und die ›Welschen Hauben‹ der Frauenkirche. Mehr kann man nicht wünschen!

Erste Orientierung

Die ideale Stadt

München hat die idealen Ausmaße für eine Stadt. Es ist eine Millionenstadt, ja eine Weltstadt, groß genug, um ein vielfältiges, buntes, internationales Leben hervorzubringen, mit so vielen Schönheiten gesegnet, dass es ein Traumziel für Touristen aus aller Welt ist und selbst geborenen Münchnern immer wieder Überraschungen bietet. Zugleich ist die Stadt übersichtlich und zu Fuß oder mit öffentlichen Verkehrsmitteln schnell zu durchmessen. Die Tramlinie 19 etwa, die auf ihrem Weg vom westlichen Vorort Pasing nach Berg am Laim im Osten die ganze Stadt durchquert, braucht dazu nur eine knappe Stunde. Dazu ist die Stadt nachvollziehbar gegliedert: Der Altstadtring umschließt die Altstadt, also das Gebiet, das einstmals innerhalb des Mauerrings lag. Der Mittlere Ring, eine mehrspurige Ringstraße, umfasst die Innenstadt im weiteren Sinn mit Schwabing und der Maxvorstadt, dem Lehel, Bogenhausen, Haidhausen, Au und Isarvorstadt, Sendling, Westend, Laim und Neuhausen-Nymphenburg. Die äußeren Stadtteile, meist erst zu Beginn des 20. Jh. eingemeindet, haben zwar alle ihren eigenen Charakter, sind für touristische Streifzüge aber kaum ergiebig.

Die Altstadt ▶ C–E 5–7

Die Altstadt ist Zentrum, Herz und Keimzelle der Stadt. Rund um das Petersbergl siedelten sich die ersten Bewohner an, ein paar Schritte weiter tagt seit Jahrhunderten der Rat der Stadt, Sendlinger-, Kaufinger- und Neuhauser Straße sind die Haupteinkaufsstraßen. Wer nur einen Tag Zeit hat, kann bei einem ausführlichen Bummel durch die Altstadt die wichtigsten Sehenswürdigkeiten bewundern: Marienplatz, Frauenkirche, Residenz und Asamkirche, dazu den Viktualienmarkt und jede Menge Einkehrstätten, vom weltberühmten Hofbräuhaus bis zur Hundskugel, Münchens ältestem Wirtshaus.

Gärtnerplatz und Glockenbachviertel ▶ D–E 7–8

Gleich südlich des Viktualienmarkts, in dem Straßenstern rund um den Gärtnerplatz, liegt Münchens buntestes Viertel, das bis hinunter in das Dreieck zwischen der Isar und dem Alten Südfriedhof reicht. Aus dem einstigen Kleinbürgerquartier ist in den Neunzigern plötzlich eine der angesagtesten Partymeilen der Stadt geworden. Was zunächst nur Treffpunkt der schwulen Community war, wurde von einer ganzen Generation zwischen 18 und 28 erobert. Aus Eisenwaren-, Milch- und Kurzwarenläden wurden Cafés, Sushi-Bars und Clubs oder Geschäfte mit ausgefallenen Ideen, ein buntes, schräges, tolerantes Biotop.

Maxvorstadt und Schwabing ▶ C–F 1–5

»Schwabing ist kein Ort, sondern ein Zustand«, hieß es vor hundert Jahren über das Künstler- und Bohèmeviertel. Seither sind viele Moden ins Land gegangen, und jede Generation beklagte den Niedergang des ›alten‹ Schwabing. Aber in den Straßen hinter der Uni herrscht immer noch ein buntes, fantasievolles und diskussionsfreudiges Durcheinander, aus dem nach wie vor schräge Ideen wie schillernde Seifen-

Erste Orientierung

blasen aufsteigen. Die Wohnquartiere zwischen Hohenzollernplatz und Leopoldstraße sind herrschaftlich und kaum zu bezahlen, vor allem seitdem immer mehr Häuser saniert und ihre Fassaden nach alten Vorbildern prächtig herausgeputzt werden – nebenbei bemerkt: oft prächtiger, als sie je waren. Die ›Leo‹, wie die Leopoldstraße freundschaftlich genannt wird, ist die bunte, laute Feierzone, und in den Straßen zum Englischen Garten hin findet man alles, vom traditionellen Wirtshaus zur schlichten Pommesbude, von drangvoller Enge rund um den Wedekindplatz bis zu nahezu unberührten Ecken.

Giesing und die Au ▶ D–F 8–10

In der Au, dem Stadtviertel, das sich in den Flussauen am östlichen Isarufer entwickelt hat, erhebt sich der berühmteste ›Berg‹ der Stadt, der Nockherberg, bekannt für den großen Bierkeller, in dem alljährlich der Starkbieranstich gefeiert wird. Am Mariahilfplatz findet dreimal im Jahr die Auer Dult statt, ein traditioneller Jahrmarkt, der den Münchner sehr am Herzen liegt. Die Au ist traditionell ein ›Kleine-Leute-Viertel‹, ebenso wie das angrenzende Giesing, dessen Bewohner besonders bodenständig sind. Fast fünfzig Jahre stand hier die McGraw-Kaserne der US-Truppen, doch weder ihr Abzug noch die Standortverlagerung der Agfa-Werke haben das Gesicht des Viertels wesentlich verändert.

Haidhausen ▶ F–H 7–8

In Haidhausen lebten im 19. Jh. vor allem Tagelöhner und Kleinhändler. Doch nachdem sich in den 1970er-Jahren in den Straßen zwischen Wiener und Max-Weber-Platz eine alternative Szene auf der Suche nach bezahlbarem Wohnraum angesiedelt hatte, wurde aus dem alten ›Glasscherbenviertel‹ eine bunte Szenelandschaft – vielleicht ein bisschen zu schick, zu aufgesetzt, aber ansprechend und attraktiv. Das alte Haidhausen aber ist ins Museum umgesiedelt worden.

Die Bavaria überblickt die ganze Theresienwiese

Schlaglichter und Impressionen

Heimliche Hauptstadt

Das Schlagwort von der ›heimlichen Hauptstadt‹ hören die Münchner ganz gern, denn so einen über Jahrhunderte gewachsenen Status – damals als Residenzstadt der Wittelsbacher und Hauptstadt des Königreichs Bayern – legt man nicht ohne weiteres ab. Aber München hat darüber hinaus auch viele andere schöne Beinamen: ›Isarathen‹ bezeichnet die von Barock und Klassizismus geprägt Kunststadt, ›Freizeitmetropole‹ die unübertreffliche Lage unweit der vielen Seen, mit den nahen Alpen als Kulisse sowie der Möglichkeit, in ein paar Stunden in Italien zu sein: Venedig! Meer!

Eine Stadt also, die alle Sinne anspricht – und ihnen auch die Muße gibt, alles zu genießen, was es an Schönem zu sehen gibt. Das macht einen Bummel durch München so besonders angenehm: Überall gibt es Plätze, über die das Auge schweift, kleine Winkel, in denen sich etwas entdecken lässt, überraschende Perspektiven, kühn komponierte Kombinationen aus Alt und Neu. Freilich: Das Hergebrachte dominiert, das Moderne, Ungewöhnliche, muss Misstrauen überwinden, langsam einwachsen und bis eine Zeitlang unsichtbar machen, bis es plötzlich verteidigt wird als »immer schon da gewesen«. Das gilt für Moden und Speisen genauso wie für neu ausgewiesene Fußgängerzonen, gläserne Passagen und exzentrische Gebäude.

Münchner und andere

Italiener und Franzosen bauten Münchens schönste Barockschlösser und -kirchen, viele der bildenden Künstler, Schriftsteller und Dichter, Ingenieure und Naturwissenschaftler kamen aus anderen Teilen Deutschlands, Teilen, die naturgemäß weiter nördlich liegen. ›Nordlichter‹ nannte man sie im 19. Jh., bald schon pauschal ›Preußen‹, auch wenn sie Rheinländer, Sachsen oder Thüringer waren. Und je größer, je bedeutender die Stadt wurde, desto bunter wurde sie auch. Heute sind von den über 1,3 Mio. Menschen, die in München leben, 316 000 Ausländer, weitere 174 000 haben zwar einen deutschen Pass, aber ausländische Wurzeln. Und jedes Jahr ziehen aus Düsseldorf, Detmold oder Dinslaken 100 000 Menschen nach München zu.

›Echte Münchner‹, deren Eltern und womöglich gar Großeltern in München geboren wurden, sind eine Rarität. Man erkennt sie daran, dass sie die ›Überfremdung‹ der Stadt beklagen, dass man Tschüss statt Servus sagt, Brötchen statt Semmeln, Berliner statt Krapfen. Besucher hören sich das verblüfft an, haben sie doch gerade im Weißen Bräuhaus gerätselt, was die Kellnerin eigentlich mit dem gut Münchner Satz »Gäh weida, ruckts a bissl zsamm!« meinte, als sie einen weiteren Gast am Tisch platzierte und ihnen bedeutete, sie mögen doch etwas zusammenrutschen. Aber freilich: ›Granteln‹ gehört eben auch zur Münchner Seele, und im Grunde sind alle Münchner, ob heimisch oder zugereist, stolz auf ihre schöne, weltläufige Stadt.

Die Wirtschaft

In München ist viel Geld zuhause, ein Blick auf die Edel-Shoppingmeilen um Residenz und Maximilianstraße lässt

Schlaglichter und Impressionen

daran keinen Zweifel. Hinter der glänzenden Fassade steckt eine gehörige Portion Wirtschaftskraft. In einschlägigen Umfragen nimmt München stets einen Spitzenplatz ein: Es ist – nach Berlin – der zweitgrößte Beschäftigungsstandort und mit deutlichem Abstand die Stadt in Deutschland mit der niedrigsten Arbeitslosenquote (2009: 5 %). Rekordverdächtig sind auch andere Zahlen: In keiner anderen deutschen Stadt gibt es so viele IT-, Software-, Kommunikations- und Medienunternehmen, nämlich mehr als 20 000. Auch andere Zukunftsbranchen wie Luftfahrt, Raumfahrt und Satellitennavigation sind gut vertreten.

Traditionsreiche Gewerbezweige feiern am Standort München ebenfalls Erfolge: Die Maschinenfabrik Krauss-Maffei, die Siemens-AG, MAN, Wacker Chemie oder der Autobauer BMW beschäftigen nicht nur Zehntausende von Menschen, sondern auch eine große Zahl von kleinen und mittleren Zulieferbetrieben.

Als Verlagsstandort ist München sogar Weltspitze, nur in New York gibt es mehr Publikationshäuser. 176 Verlage bereichern das Münchner Geistesleben, dazu kommen Produktionsgesellschaften für Film, Fernsehen und Rundfunk.

Genug geprahlt. Schließlich hätte München es gar nicht nötig, so viel von sich herzumachen – die Touristen kommen auch so: 105 Mio. Besucher zählte München im Jahr 2009. Sie besuchen Messen, Kongresse, Tagungen, Großveranstaltungen wie Kirchentage und Sportereignisse, das Oktoberfest – oder einfach nur München, seine Plätze und Parks, Kirchen und Schlösser, Theater und Museen. Vielleicht haben sie ja Ernest Hemingways Rat befolgt: »Fahren Sie gar nicht erst woanders hin, ich sage Ihnen, es geht nichts über München. Alles andere in Deutschland ist Zeitverschwendung.«

Daten und Fakten

Lage und Größe: München liegt im Südosten Deutschlands, mitten in der Süddeutschen Schotterebene, einem brettebenen, wenig fruchtbaren Ablagerungsgebiet der Eiszeitgletscher. Die Stadt nimmt eine Fläche von 31 046 ha ein und liegt auf einer Höhe von 482–579 m ü.M.
Bevölkerung: Etwa 1,36 Mio. – damit ist München die drittgrößte Stadt Deutschlands. Der Ausländeranteil beträgt 23 %, davon kommen die meisten aus der Türkei, gefolgt von Kroatien, Griechenland, Österreich und Italien.
Verwaltung: München ist in 25 Bezirke eingeteilt, die von je einem Bezirksausschuss vertreten werden. Die Ausschüsse haben Antrags-, Entscheidungs-, Anhörungs- und Unterrichtungsrechte und führen regelmäßig Bürgerversammlungen durch, in denen die Bürger Anliegen und Anregungen vorbringen können. Die Stadtspitze wird von einem Oberbürgermeister und zwei Bürgermeistern bzw. Bürgermeisterinnen gebildet, im Stadtrat sitzen 80 ehrenamtlich tätige Stadträte.
Superlative: Höchstes Bauwerk ist der Olympiaturm mit 291 m, höchstes Haus das Uptown München am Georg-Brauchle-Ring mit 146 m. Der Englische Garten ist der größte innerstädtische Park der Welt, der Hirschgarten der größte Biergarten Bayerns. Für Rekorde sorgt auch alljährlich das Oktoberfest, sei es mit Besucherzahlen, Stromverbrauch, ausgeschenkten Biermengen oder dem Preis für eine Maß.

Schlaglichter und Impressionen

Hauptsache draußen

Aber Arbeit ist nicht alles. Gern geht man raus, und wenn auch nur in der Mittagspause zum Rindermarkt-Brunnen, der beim ersten Frühlingssonnenstrahl dicht von Menschen belegt ist, die ihre blassen Gesichter der Sonne zuwenden. Die Straßencafés stellen Tische und Stühle raus, in den Parks flaniert man auf und ab, der Englische Garten füllt sich mit Sonnenanbetern und etwas später strömt alles in den nächst gelegenen Biergarten. Am Wochenende geht es zum Baden an einen der nahen Seen, mit dem Radl die Isar entlang oder gleich ›ins Gebirg‹, denn der nächste Berg ist keine Stunde weit entfernt.

Das Höchste: Der Biergarten

Was ist das Beste an München? Müsste man eine Top-Ten-Liste erstellen, wäre der Biergarten ganz oben. Ein Münchner Biergarten – das ist nämlich weit mehr als ein paar Tische und Bänke unter Bäumen. Der Biergarten ist ein Lebensgefühl. Hier treffen sich alle, jeden Alters, jeder Nationalität, jeder Profession, und sitzen einträchtig nebeneinander. Das Bier holt man sich selbst an der Schänke, nachdem man den Maßkrug vorher ebenfalls selbst ausgespült hat, und die Brotzeit hat man im Idealfall dabei. Denn das gibt es wirklich nur in München: Jeder darf sich sein Essen mitbringen. Ein Brauch, der aus der Zeit herrührt, da die großen Bierkeller angelegt wurden, in denen das Bier mit Stangeneis aus den Alpen oder aus den im Winter zugefrorenen Teichen kühl lagerte. Auf den Kellern wurden Kastanien gepflanzt, die mit ihrem dichten Laub Schatten spendeten. Was lag näher, als hier Tische und Bänke aufzustellen? Das ließen sich die Münchner Wirte nicht gefallen: Die Brauereien sollten Bier erzeugen, nicht ihnen auch noch Konkurrenz machen! So kam es, dass die Brauer in ihren Gärten zunächst nur Bier ausschenkten, die Brotzeit brachte man mit. Und zwar stilecht in einem Korb. Ein Rucksack ist gerade noch tragbar, eine Plastiktüte unmöglich. Dann wird eine karierte Tischdecke ausgebreitet, ein paar Holzbrettln kommen zum Vorschein, und schließlich die Schätze: Radieschen, Gurken, Tomaten, Radi (weißer Rettich), Brot, Brezen oder

Die Weißwurst

Es ist nur eine Wurst. Doch die vielfältigen Regeln, die es bei ihrem Verzehr zu beachten gibt, grenzen ans Byzantinische. Keine Weißwurst nach 12 Uhr! In einer Münchner Traditionswirtschaft wird sie nach dem Mittagläuten auch für Geld und gute Worte nicht mehr serviert. Nur stückweise bestellen! Auch zwei Weißwürste ergeben kein Paar, sondern: Zwei Stück. Diese kommen dann nicht auf dem Teller an den Tisch, sondern im Weißwursttopf, der mit Löwenköpfen verziert ist. Einzig erlaubte Beilage: Breze und süßer Senf, der nicht umsonst so genannte Weißwurstsenf. Kein Sauerkraut, keine Bratkartoffeln, kein scharfer Senf, schon gar kein Ketchup! Beim Verzehr scheiden sich die Konfessionen: Es gibt die Zuzler, die das Wurstinnere mit sanftem Druck der Zähne aus der Haut herausschieben vulgo zuzeln, und die Schlitzer, die die Wurst der Länge nach aufschneiden und das Brät vorsichtig herauslösen. Und dann einen Schluck Weißbier ... für einen Münchner ist das schon ein Vorgeschmack vom Paradies.

Schlaglichter und Impressionen

Das Oktoberfest – zum Abheben!

Semmeln, ein Stück Emmentaler, ein paar Regensburger oder andere Würstl, selbst gemachter Wurstsalat oder Kartoffelsalat ... was die Küche eben so hergibt. Döner, Pizza oder belegte Baguettebrötchen kommen nicht in Frage. Wer rückwärtig etwas empfindlich ist, darf auch ein Kissen mitbringen, denn Bierbänke werden mit der Zeit immer härter. Aber es wird auch immer lustiger. Man kommt schnell ins Gespräch, duzt sich umstandslos und redet sich mit Vornamen an.

Die Konkurrenz zwischen Wirten und Brauern hat sich längst entspannt. Heute kann man in allen Biergärten auch etwas zu essen kaufen: eine Scheibe Leberkäs, Salate oder Schnittlauchbrote, Spareribs, aus denen im Lauf der letzten Jahre unversehens ein typisch bayrisches Gericht wurde. Wer etwas Typisches sucht, isst einen Steckerlfisch, eine Renke oder Makrele, die auf einen Stab (›Steckerl‹) gespießt und über der Glut gebraten wird.

Das Oktoberfest

Als gäbe es anderswo keine Achterbahnen, kein Riesenrad, keine Bierzelte! Nein, es muss das Oktoberfest sein, das berühmteste Volksfest der Welt, das *Bavarian beer festival*. Jedes Jahr wartet es mit neuen Besucherrekorden, schnelleren Achterbahnen, gesalzeneren Bierpreisen auf – ein Volksfest eben, laut, bunt, prahlerisch. Und es gehört zum Münchner Festkalender wie die Dult und der Christkindlmarkt.

Das Oktoberfest findet, wie der Name sagt, in den beiden letzten Wochen im September statt und es folgt seinen eigenen Ritualen. Auftakt ist der Einzug der Wiesnwirte auf geschmückten Wagen sowie der Anstich des ersten Fasses durch den Oberbürgermeister. Mit dem Ruf »Ozapft is!« beginnt die Wiesn offiziell. Zu dieser Zeit sind die großen Bierzelte bereits gerammelt voll, vor den Eingängen haben sich lange Schlangen gebildet, und das wird sich in den nächsten Tagen auch nicht ändern. Die

Schlaglichter und Impressionen

Kellnerinnen schleppen mit bewundernswerter Kraft und Ausdauer enorme Mengen an einigermaßen vollen Maßkrügen herbei. Berge von Hendln, Steckerlfischen, gebratenem Ochsenfleisch und Riesenbrezen werden vertilgt, die Musik dröhnt, es wird geflirtet, gesungen und auf den Tischen getanzt – ein kollektiver Rausch, dem man sich nur hingeben kann.

Die Tracht

Plötzlich waren sie wieder da! Das kleidsame Dirndl mit dem weiten Rock, dem engen Mieder, der seidenen Schürze und der duftig-bauschigen Bluse für sie, die kurze oder knielange Lederhose mit Trachtenhemd, Janker und Haferlschuhen für ihn. Die Tracht, einst das Merkmal der Landbevölkerung, später des biederen Bürgertums, ist nun vor allem zur Wiesnzeit wieder allgegenwärtig. Doch die alten prächtigen Gewänder sind nur noch beim alljährlichen Trachtenumzug zu sehen. In den Bierzelten sieht man neben schlichten Dirndln aus buntem Baumwollstoff die abenteuerlichsten Kombinationen: getigerte Mieder, Tüllschürzen mit Plastikrosen, Glitzerblusen – Traditionalisten wenden sich mit Grausen ab, andere amüsieren sich und hoffen darauf, dass derlei Zuckerwatte-Trachten nur eine flüchtige Erscheinung sind.

Die Isar

Keine Schifffahrtsstraße wie der Rhein, kein breiter Strom wie die Donau, kein zum Meer drängendes Gewässer wie die Elbe – die Isar ist ein fröhlicher, übermütiger, oft überschäumender Gebirgsfluss. Wenn sie in München ankommt, hat sie auf dem Weg von der Quelle im Tiroler Karwendel zur Mündung in die Donau gerade erst die Hälfte ihrer ohnehin nur 300 km hinter sich gebracht. Obwohl sie mit Befestigungen und Begradigungen gezähmt wird, bringt sie mit ihren weiß-grünen Strudeln eine Ahnung vom Gebirge mit. Und eine Menge Kies und Geröll! Wie schön, denken sich die Münchner an heißen Sommertagen und nutzen die Kiesbänke zum Sonnen und Baden, bei

Beim Trachtenumzug sind noch die traditionellen Dirndl zu bewundern

Schlaglichter und Impressionen

der Floßlände, am Flaucher, ja, sogar mitten in der Stadt zwischen Reichenbach- und Wittelsbacher Brücke. Und mindestens einmal im Leben machen sie sich mit Freunden und Bekannten auf zur allergrößten Sommergaudi: einer Floßfahrt von Wolfratshausen nach München, mit einem Fass Bier, einer Brotzeit und einer Band.

Seit einigen Jahren wird die Isar, die wegen der vielen gefährlichen Hochwasser im Stadtgebiet seit Anfang des 19. Jh. kanalisiert worden war, renaturiert. Zugleich wurde die Wasserqualität verbessert. Wenn also heute wieder Angler am Ufer stehen, ist die Wahrscheinlichkeit groß, dass sie einen Barsch, eine Forelle oder sogar einen Zander aus dem Wasser ziehen.

Im Stadtwappen: der Mönch

Der Föhn
Im Grunde ist es ein meteorologisches Phänomen: Da driftet in Italien warme Luft Richtung Alpen, wird dort rasch emporgetrieben, regnet sich über den Gipfeln ab und stürmt, nun extrem trocken, auf der Nordseite brausend zu Tal. Dabei wird sie immer wärmer und lädt sich zusätzlich elektrisch auf. Es herrscht Föhn. Die Münchner ziehen ihre dicken Jacken aus und schauen ins Gebirge, das plötzlich gestochen scharf am Horizont steht. Aber das ist nicht alles, was der Föhn kann. Er schlägt nämlich auch unmittelbar aufs Gemüt. Manche Menschen werden geradezu euphorisch, andere sind gereizt und fahrig, klagen über Kopfweh, knallen ihrem Vordermann in den Kofferraum oder geben dem Nachbarn eine Watschn – sogar an der Kriminalstatistik kann man am Ende des Jahres erkennen, an welchen Tagen Föhn war. Andere wiederum merken gar nichts und wundern sich über den Wirbel, der gemacht wird. Bis nach ein paar Tagen alles wieder vorbei ist und die Berge hinter einem grauen Regenschleier verschwinden.

Das Stadtwappen
Das Münchner Kindl, ein Mönch mit schwarzer, gelb abgesetzter Kutte und einem Evangelienbuch in der Linken, die Rechte zum Segen erhoben, ist bereits seit dem Jahr 1239 bekannt und erinnert an das kleine Benediktinerkloster mit umliegender Siedlung, aus der München hervorgegangen ist. Aus dem gestandenen Mönch wurde im 18. Jh. das niedliche ›Kindl‹, das vom Wappen löste und als niedliche Verkörperung der ›Bierstadt München‹ nun plötzlich mit einem Maßkrug oder gar einem Radi in den Händen Postkarten und Nippesregale bevölkerte. Nur das offizielle Stadtwappen, das 1957 im streng-schematischen Stil neu gestaltet wurde, zeigt einen volljährigen Mönch.

Schwarz und Gelb sind auch die Stadtfarben Münchens, die sich allerdings nicht aus der Mönchskutte, sondern aus den Reichsfarben ableiten, wie sie unter Ludwig dem Bayern, dem einzigen Wittelsbacher, der es zur Kaiserwürde gebracht hatte, gezeigt wurden.

Geschichte, Gegenwart, Zukunft

Grundsteine

Münchens Geschichte beginnt mit einem Knalleffekt. Das eigentlich unscheinbare Dörflein *Munichen*, das sich ab 950 um ein Benediktinerkloster entwickelt hatte, stand plötzlich im Brennpunkt eines Machtkampfes auf höchster Ebene: Dem Welfenherzog Heinrich dem Löwen waren die Zoll- und Münzeinnahmen des Freisinger Bischofs ein Dorn im Auge. Im Jahr 1158 ließ er die dortige Isarbrücke zerstören und ein paar Kilometer flussauf einen neuen Übergang errichten, um die Zolleinnahmen selbst einzustreichen. Aber schon 1180 kamen die Wittelsbacher in den Besitz Bayerns und ernannten 1255 München zu ihrer Residenz.

Im 15. Jh. erhielt München langsam sein heutiges Gesicht: 1468 wurde der Grundstein der Frauenkirche, 1470 der des Alten Rathauses gelegt. Nicht minder bedeutend war die Brauordnung, die Herzog Albrecht IV. 1487 erließ: Nur Hopfen, Malz und Wasser dürfen ins Bier! Keine Frage, dass auch das 1589 gegründete Hofbräuhaus dem Gebot folgte.

München wird barock

Die Wittelsbacher waren gut katholisch. Alles, was lutherisch roch, wurde radikal verboten. Um den ›rechten‹ Glauben zu festigen, rief Herzog Albrecht V. 1559 die Jesuiten in die Stadt und ließ ihnen die prächtige Michaelskirche samt Kloster errichten. Zur barocken Kunststadt wurde München in der zweiten Hälfte des 17. Jh. mit Theatinerkirche (ab 1663), Schloss Nymphenburg (ab 1664) und Schloss Schleißheim (ab 1701). Doch schon versank Europa in erbitterten Erbfolgekriegen, die auch an München nicht vorübergingen. Kurfürst Max Emanuel stellte sich gegen die Habsburger auf die Seite des französischen Königs – und setzte damit aufs falsche Pferd. Bayern wurde von den Habsburgern besetzt, der Kurfürst verschwand für mehr als zehn Jahre im Exil. 1705 erhoben sich die Bauern des Oberlandes gegen die österreichische Willkürherrschaft. Die blutige Niederschlagung des Aufstands ging als »Sendlinger Mordweihnacht« in die Geschichte ein.

Isar-Athen und Wirtschaftsstandort

1777 kam Kurfürst Karl Theodor aus der pfälzischen Linie an die Macht. Er dachte modern, ließ die Stadtmauern abbrechen und neue Plätze und Straßenzüge anlegen. Unter seinem Sohn Max IV. Joseph – ab 1806 erster König von Bayern – und seinem Enkel Ludwig wurde die Stadt ganz neu erfunden: Ludwig I. schmückte München mit griechisch und italienisch inspirierten Bauten, ließ die Pinakotheken errichten und die erste Prachtstraße anlegen. Außerdem verdankt die Stadt ihm das Oktoberfest, das zu Ehren seiner Hochzeit mit Therese von Sachsen-Hildburghausen am 12. Oktober 1810 erstmals – damals noch als Pferderennen – abgehalten wurde. Seine Liebe zur Schönheit beschränkte sich nicht auf Architektur: Seine Affäre mit der feschen Lola Montez kostete ihn 1848 den Thron.

Aber München wurde im 19. Jh. nicht nur zur Kunststadt von Rang, auch Wissenschaft und Industrie blühten auf: 1839 gründete Josef Anton von

Geschichte, Gegenwart, Zukunft

Maffei seine Lokomotivenfabrik, die sich als Krauss-Maffei zum führenden Maschinenbauunternehmen entwickelte, Carl von Linde baute die ersten Kühlmaschinen, international agierende Großbrauereien verdrängten die kleinen Hausbrauereien. 1868 wurde die Technische Hochschule, 1906 das Deutsche Museum gegründet.

Politik und Widerstand

Im November 1918 rief der sozialdemokratische Politiker und Schriftsteller Kurt Eisner im vom Krieg zermürbten München den Freistaat, die Republik Bayern aus. Nach über 700 Jahren endete die Herrschaft der Wittelsbacher. Eisner wurde zum ersten Ministerpräsidenten gewählt, doch bereits nach wenigen Wochen, am 21. Februar 1919, ermordet. Die Folge: blutige Unruhen, Ausrufung einer bayerischen Räterepublik, die Anfang Mai von reaktionär gesinnten Freikorpstruppen niedergeschlagen wurde.

Fast gleichzeitig begann der Aufstieg der NSDAP unter der Führung von Adolf Hitler. Sein Putschversuch am 9. November 1923 wurde noch an der Feldherrnhalle gestoppt, knapp zehn Jahre später war er an der Macht. Im Frühjahr 1933 ließ er vor den Toren Münchens, in Dachau, das erste Konzentrationslager errichten. 200 000 Menschen, meist politische Häftlinge, wurden hier eingesperrt und gequält, 30 000 kamen ums Leben. Aus der Kunststadt wurde die Hauptstadt der Bewegung: Von hier ging 1938 das Signal für die Pogromnacht am 9./10. November aus. Aber München war auch eine Stadt des Widerstands: Schon 1939 versuchte der Schreiner Georg Elser einen Anschlag auf Hitler, 1943 riefen Mitglieder der Weißen Rose zum Widerstand gegen den Nationalsozialismus auf. Sie alle wurden entdeckt und hingerichtet.

Die Olympiastadt

1945 lag fast die ganze Altstadt in Trümmern, von den Häusern im restlichen Teil der Stadt stand nur noch jedes zweite. In einer gewaltigen Wiederaufbauleistung wurde München wieder zur viel besuchten Kulturstadt. Einen mächtigen Impuls gaben die XX. Olympischen Sommerspiele im Jahr 1972. U- und S-Bahn-Linien wurden eröffnet, die Fußgängerzone in Neuhauser- und Kaufingerstraße entstand, das Zeltdach der olympischen Gebäude schrieb Architekturgeschichte. Die »heiteren Spiele« sollten Deutschlands Bild in der Welt neu prägen. Doch der Überfall palästinensischer Attentäter auf die israelische Olympiamannschaft, bei dem elf Sportler getötet wurden, warf einen schwarzen Schatten über die Spiele. Acht Jahre später erneut eine schreckliche Gewalttat: Ein Bombenanschlag von Neonazis am Eingang zum Oktoberfest tötete 13 Menschen.

Architektur der Zukunft

Auch im 21. Jh. entstanden spektakuläre Neubauten: die Pinakothek der Moderne, die Allianz Arena, die neue Münchner Hauptsynagoge am Jakobsplatz, die BMW Welt beim Olympiazentrum. Aber zu hoch hinaus darf sich die Architektur nicht strecken: Ein von Alt-Oberbürgermeister Georg Kronawitter initiierter Bürgerentscheid sprach sich 2004 mit knapper Mehrheit dafür aus, dass keine Häuser mehr gebaut werden, die die Türme der Frauenkirche überragen, also höher als 99 m sind.

Münchens neuestes Projekt ist die Bewerbung für die Olympischen Winterspiele 2018. Für das Olympiazentrum, in dem der »Eispark« entstehen soll, ist dies eine Aufwertung, die das nunmehr 40 Jahre alte, doch immer noch erstaunliche Ensemble mehr als verdient hat.

Reiseinfos von A bis Z

Anreise

Mit dem Flugzeug
Der Flughafen München (www.munich-airport.de) wird von fast allen europäischen und vielen internationale Fluglinien direkt angeflogen. Er liegt ca. 45 km nordöstlich der Stadt. Es gibt zwei **S-Bahn-Linien** vom Flughafen in die Stadt: **S 1** (Schleißheim–Feldmoching–Laim–Hauptbahnhof, 45 Min.) und **S 8** (Unterföhring–Ostbahnhof–Hauptbahnhof, 41 Min). Die S-Bahnen verkehren von ca. 4–0 Uhr, zwischen 5 und 22 Uhr im 20-Minuten-Takt, Einzelticket 9,60 €. Der **Lufthansa-Airport-Bus** zum Hauptbahnhof (über Schwabing Nord) verkehrt zwischen ca. 5 und 20 Uhr alle 20 Min., Fahrtzeit 40 Min., 10,50 €. Eine **Taxifahrt** kostet vom Flughafen zum Marienplatz ca. 60 €.

Mit der Bahn
Alle Fernzüge treffen am **Hauptbahnhof** ein. Regionalzüge und zu bayerischen und österreichischen Zielen halten meistens auch in München-Ost bzw. München-Pasing. Alle Bahnhöfe liegen an der S-Bahn-Stammstrecke, werden also nahezu im Minutentakt bedient.

Mit dem Auto
Nach München führen Autobahnen aus allen Himmelsrichtungen: **A 96/B 18** von Lindau über Memmingen, **A 8** von Stuttgart, Ulm, Augsburg bzw. im Süden von Salzburg und Rosenheim, **A 92** von Deggendorf, Landshut, Flughafen München, **A 9** von Berlin, Leipzig, Nürnberg, Ingolstadt, **A 94/B12** von Passau, Burghausen, Mühldorf, **A 95** von Garmisch, Wolfratshausen. Alle außer der **A 95** münden auf dem (nicht ganz geschlossenen) **Autobahnring A 99/A 995**. Vor allem A 8 und A 9 sind am Wochenende, zu Ferienbeginn bzw. -ende stark überlastet, rechnen Sie also genügend Zeit für Stau ein.

Mit dem Bus
Busverbindungen bestehen von fast allen deutschen und vielen europäischen Großstädten. **Busbahnhöfe** befinden sich in der Arnulfstraße (ZOB, nahe Hauptbahnhof) und am Ostbahnhof.

Feiertage

1. Januar: Neujahr
6. Januar: Heilige Drei Könige
Ostern: Karfreitag, Ostersonntag, Ostermontag
1. Mai
Christi Himmelfahrt
Pfingsten: Pfingstsonntag, Pfingstmontag
Fronleichnam
15. August: Mariä Himmelfahrt
3. Oktober: Tag der Deutschen Einheit
1. November: Allerheiligen
25., 26. Dezember: Weihnachten

Feste und Festivals

Fasching: Februar. Faschingsbälle finden in Festsälen, Wirtshäusern, Bierkellern etc. statt. Am Faschingssonntag und Faschingsdienstag wird auf den Straßen der Innenstadt und in Schwabing der Straßenfasching gefeiert. Höhepunkt am Dienstag ist das Treiben

Reiseinfos von A bis Z

der fantasievoll verkleideten Transvestiten und Schwulen und der anschließende Tanz der Marktfrauen auf dem Viktualienmarkt.

Starkbieranstich: Fünf Wochen vor Ostern, mit dem Ende des Faschings, beginnt die Fastenzeit, die in München so buchstabiert wird: Starkbierzeit. Auftakt ist der alljährliche Starkbieranstich im Salvatorkeller am Nockherberg (Paulaner-Keller, Hochstr. 75) mit dem von Politikern der obersten Riege besuchten ›Derbleck'n‹, das sogar im Fernsehern übertragen wird.

Frühlingsfest: April, der kleine Bruder des Oktoberfests auf der Theresienwiese.

Maidult: Mai, traditioneller Jahrmarkt auf dem Mariahilfplatz in der Au.

Internationales Dokumentarfilmfestival: Mai, www.dokfest-muenchen.de. Dokumentarfilm-Highlights aus aller Welt.

Stadtgründungsfest: Am zweiten Juniwochenende wird die Stadthistorie mit Bühnenprogrammen, Handwerkerdorf, Musikveranstaltungen und einem Kinderfest lebendig.

Tollwood: Juni/Juli, www.tollwood.de. »Kunst und Kultur, Freiheit und Lebensfreude« ist das Motto des Festes am Fuß des Olympiabergs. Konzerte, Theater, Kleinkunst und Kabarett, dazu Kunsthandwerk, Essen und Trinken.

Filmfest München: Ende Juni/Anfang Juli, www.filmfest-muenchen.de. Aktuelle internationale und deutsche Kinofilme, Werkschauen, Specials sowie ein Kinderfilmfest.

Opernfestspiele: Juni/Juli, www.bayerische.staatsoper.de. Die Opernfestspiele locken Musikfreunde aus aller Welt nach München. An die 30 Aufführungen, darunter hochkarätig besetzte Neuinszenierungen, Liederabende, Ballettproduktionen und Konzerte. An zwei Abenden wird unter dem Motto »Oper für alle« aus dem Nationaltheater direkt auf den Max-Joseph-Platz übertragen.

Christopher-Street-Day: Juli/August. Große Gay-Parade.

Theatron MusikSommer: August, www.theatron.de. Einen ganzen Monat lang kostenlose Rock-, Pop-, Jazz- und Klassikkonzerte sowie Open-Air-Kino im Olympiapark. Riesenfeuerwerk am Anfang und Ende des Festivals.

Oktoberfest: 2. Septemberhälfte. Das größte und berühmteste Volksfest der Welt bricht über die Stadt herein.

Münchner Bücherschau: November/Dezember, www.muenchner-buecherschau.de. Von Mitte November bis Anfang Dezember steht das Kulturzentrum Gasteig ganz im Zeichen des Buches. Die Bücherschau präsentiert nicht nur die aktuellen Produktionen deutschsprachiger Verlage, sondern auch Lesungen mit vielen Schriftstellern.

Tollwood Winterfestival: Dezember, www.tollwood.de. Markt der Ideen, Musik- und Theatervorführungen, Kinderprogramm und Diskussionsforen auf der Theresienwiese. Ausklang mit der Tollwood-Silvesterparty und dem Mitternachtswalzer.

Christkindlmärkte: Vom 1. Advent bis Heiligabend finden an vielen Plätzen der Stadt Christkindlmärkte statt. Die schönsten: Marienplatz, Rindermarkt (Kripperlmarkt mit historischer Stadtkrippe), Münchner Freiheit (Künstlermarkt), Stephansplatz (Pink Christmas).

Fundbüros

Fundstelle der Stadtverwaltung: Kreisverwaltungsreferat, Ötztaler Str. 17, Tel. 089 233-960 45, fundbuero.kvr@muenchen.de, Mo–Do 8–12, Di auch 14–18.30, Fr 7–12 Uhr.

Reiseinfos von A bis Z

Im Hauptbahnhof: Bahnhofsplatz 2, gegenüber Gleis 26, Tel. 089 13 08 66 64, Mo–Fr 7–23.30, Sa 7.30–22.30 Uhr.
Im Flughafen: Zentralbereich, Ebene 03, Tel. 089 97 52 13 70; Terminal 2, Tel. 089 97 52 28 70, tgl. 6–23 Uhr.
Wiesnfundbüro: Servicezentrum auf der Theresienwiese, Eingang ›Festleitung‹ (zwischen Schottenhamel-Festzelt und Bavaria), während des Oktoberfests tgl. 9–23 Uhr.

Gesundheit

Wer einen Arzt oder Zahnarzt aufsuchen muss und bei einer gesetzlichen Krankenkasse versichert ist, braucht nur seine **Versichertenkarte** vorzulegen, die mit der Europäische Krankenversicherungskarte (EHIC – European Health Insurance Card) kombiniert ist.
An jeder **Apotheke** ist die Adresse der nächstgelegenen Apotheke mit Notdienst angeschlagen. Die Apotheke im Hauptbahnhof hat Mo–Fr 7–20, Sa 8–20 Uhr geöffnet.
Krankenhäuser mit Notaufnahme: Klinikum rechts der Isar: Ismaninger Str. 22, Tel. 089 4140-0, U 4, 5: Max-Weber-Platz; **Schwabinger Krankenhaus:** Kölner Platz 1, Tel. 089 306 81, U 3: Bonner Platz; **Universitätsklinik Großhadern:** Marchioninistraße 15, Tel. 089 70 95-0, U 6: Klinikum Großhadern; **Zahnklinik:** Goethestr. 70, Tel. 089 51 60-0, U 3, 6: Goetheplatz; **Augenklinik:** Mathildenstr. 8, Tel. 089 5160-3811, U 1, 2, 3, 6: Sendlinger Tor.

Informationsquellen

Tourist Information am Marienplatz: im Neuen Rathaus, Mo–Fr 10–20, Sa 10–16, So, Fei 9–16 Uhr.
Tourist Information am Hauptbahnhof: Bahnhofsplatz 2 (neben DER), Mo–Sa 9–20, So, Fei 10–18 Uhr.
Tourist Information am Flughafen: Zentralbereich, Ebene 3, tgl. 0–24 Uhr; im Terminal 1, A–D; Ebene 4, tgl. 5.30–22 Uhr; im Terminal 2, tgl. 5–23.30 Uhr (Zimmervermittlung).
Tourismusverband München-Oberbayern: Radolfzeller Str. 15, Tel. 089 829 21 80, www.oberbayern.de. Infos zu Freizeit- und Besichtigungsmöglichkeiten im Umland.

Im Internet

www.muenchen.de/tourismus: Die offizielle Website der Stadt München. Alle Informationen zu Unterkunft, Essen und Trinken, Kneipen, Sehenswürdigkeiten, Kultur, Unterhaltung, Sport, Stadtführungen incl. einem Abriss über die Stadtgeschichte – ausgesprochen informativ und hilfreich.
www.mux.de: Shopping, Restaurant- und Ausgehadressen nach Stadtvierteln, Straßen oder Branchen geordnet.
www.nightlife-muenchen.de: Website mit aktuellen Partytipps, Clubporträts, Tagesprogramm.
www.muenchenticket.de: Online-Dienst zur Buchung von Eintrittskarten für Veranstaltungen aller Art – von Rockkonzerten, Ballett, klassischer Musik, Oper und Theatervorführungen bis hin zu diversen Sportereignissen.
www.shops-muenchen.de: Ausgewählte Shoppingbezirke werden Straße für Straße, Haus für Haus mit sämtlichen Geschäften dokumentiert.

Kinder

Parks und Gärten

Englischer Garten, Isarauen, Westpark – wenn Kinder Auslauf brauchen oder einfach mal spielen wollen, bieten sich

Reiseinfos von A bis Z

City Tour Card

Die CityTourCard umfasst eine Tageskarte für die Nutzung aller MVV-Verkehrsmittel im Innenraum oder im Gesamtnetz sowie Rabatte für über 30 touristische Attraktionen in München und Umgebung (z.B. Schloss Nymphenburg, Gärtnerplatztheater). Man kann sie als Single- und Partnerkarte (bis zu 5 Erwachsene), für einen oder drei Tage, für den Innenraum oder das Gesamtnetz der MVB kaufen, Preis: 9,80 € (1 Tag, Single, Innenraum) bis 48 € (3 Tage, Partnerkarte, Gesamtnetz).

die Münchner Grünflächen an. Dort gibt es immer etwas Spannendes zu entdecken: das alte Karussell beim Chinesischen Turm, die exotischen Tempel im Westpark, den Wasserspielplatz im Hirschgarten. Der **Tierpark Hellabrunn** ist auch im Winter ein Renner: Dann werden die Pinguine spazieren geführt. Etwas Mut brauchen kleine Abenteurer im **Walderlebniszentrum/Sauschütt Grünwald,** wo sie – gut angeseilt natürlich – durch die Baumwipfel klettern und über Seilbrücken balancieren können (April–Okt. Mi–Fr 13–19, Sa, So 9–19 Uhr, www.kletterwald-muenchen.de, 15–22 €).

Museen

Direkt im Hauptbahnhof befindet sich das **Kinder- und Jugendmuseum** (Arnulfstr. 3, Seitenflügel Starnberger Bahnhof, www.kindermuseum-muenchen.de, Di–Fr 14–17.30, Sa, So Ferien 11–17.30 Uhr, 4,50 €). Es bietet spielerische interaktive Ausstellungen zu unterschiedlichsten Wissensgebieten, wie Salz, Papier, Seifenblasen. Junge Forscher werden gern durchs **Deutsche Museum** (s. S. 42) streifen und mit Knopfdruck Experimente in Gang setzen. Oder sie befriedigen ihren Wissensdurst im **Museum Mensch und Natur** (s. S. 70) im Schloss Nymphenburg (Nordflügel, www.musmn.de, Di, Mi, Fr 9–17, Do 9–20, Sa–So 10–18 Uhr). Die Abteilung »Spielerische Naturkunde« wendet sich speziell – aber nicht nur – an Kinder und lässt Quizfieber aufkommen. In die bunte Unterwasserwelt führt das **Sealife** im Olympiazentrum (s. S. 73), wo man Rochen streicheln oder Seepferdchen beobachten kann (Willi-Daume-Platz 1, Tickets vorab unter 0180 566 69 01 01, www.sealifeeurope.com). Das **Spielzeugmuseum** (s. S. 32) wird manchen Wunsch wecken, und im **Valentin-Karlstadt-Musäum** (s. S. 83) können sich Kinder z. B. über den pelzbesetzten Winterzahnstocher scheckig lachen.

Theater

Ein Klassiker ist das **Marionettentheater** (Blumenstr. 32, Tel. 089 26 57 12, www.muenchner-marionettentheater.de, U 1, 2, 3, 6: Sendlinger Tor), das ein eigenes Kinderprogramm anbietet. Die Schauburg am Elisabethplatz ist die Heimat des **Theaters der Jugend** (Franz-Joseph-Str. 47, Tel. 089 23 33 71 55, www.schauburg.net, Tram 27: Elisabethplatz), eines engagierten und künstlerisch renommierten Kinder- und Jugendtheaters mit Stücken, die Kinder ernst nehmen, aber Unterhaltung und Spaß nicht verachten. Das **Theater für Kinder** (Dachauer Str. 46, Tel. 089 59 54 54, www.muenchner-theater-fuer-kinder.de, U 1: Stiglmaierplatz) zeigt Märchen der Gebrüder Grimm, Stücke von Janosch und Astrid Lindgren, Opernbearbeitungen, Musicals und vie-

Reiseinfos von A bis Z

les mehr. Das **Kleine Theater im Pförtnerhaus** ist ein Handpuppentheater für Kinder ab 3 oder 4 Jahren, Hauptperson in jedem Stück ist der Kasperl, der allerlei Abenteuer erlebt (Oberföhringer Str. 156, Bus 188: Bürgerpark Oberföhring, Tel. 089 95 31 25, www.kasperlbuehne.de, Vorstellungen vom letzten Sonntag im September bis zum Mittwoch vor Pfingsten So 11 und 15 Uhr, Mi 15 Uhr, kein Vorverkauf).

Infos
Einen Kalender für Veranstaltungen, die Kinder interessieren, findet man u.a. auf www.pomki.de.

Klima und Reisezeit

Das Münchner Klima ist recht wechselhaft, auf einen sonnigen Morgen folgt nicht selten ein kühler, regnerischer Nachmittag. Im Sommer kann es sehr heiß werden, im Winter liegt oft wochenlang Schnee. Bei Föhn ist die Wetterlage stabil, die Luft warm, der Himmel seidig blau, der Fernblick überwältigend – solange, bis er ›zusammenbricht‹ und kalte Winde und Regenschauer wieder zuschlagen.

Als Kulturmetropole hat München zu jeder Jahreszeit seine Reize. Rundum genießen kann man die Stadt jedoch am besten zwischen Mai und Oktober, wenn sich zwischen Museums- und Theaterbesuch immer noch ein Aufenthalt im Biergarten einschieben lässt.

Öffnungszeiten

Banken: Mo–Fr 8.30–12.30, 13.30–15.30 Uhr (Do bis 17.30 Uhr); am Hauptbahnhof tgl. 6–23 Uhr; am Flughafen tgl. 7–20.30 Uhr.
Postämter: Mo–Fr 8–12.30, 13.30–18, Sa 8–12 Uhr; Post am Hauptbahnhof Mo–Fr 7.30–20, Sa 9–16 Uhr.
Geschäfte: Mo–Fr 10–20, Sa 10–16, teilweise bis 18 oder 20 Uhr. In Schwabing oder im Gärtnerplatzviertel öffnen manche Läden erst um 11 Uhr und halten dafür manchmal länger geöffnet.

Reisen mit Handicap

Die **Münchner Verkehrsbetriebe** halten einen Liniennetzplan bereit, der für alle U- und S-Bahn-Stationen angibt, ob sie barrierefrei zu benutzen sind, wo sich Lifte befinden oder auf welcher Seite sich für Gehbehinderte der Ausstieg befindet. Der Plan ist über die Tourismus-Info oder die MVB zu beziehen (auch zum Herunterladen im Internet, www.mvv-muenchen.de).

Das **Müncher Tourismusamt** (s. S. 18) gibt die Broschüre »München für Touristen mit Handicap« heraus. Sie enthält Infos zu Zugangsmöglichkeiten von öffentlichen Einrichtungen, Museen, Theatern, Volksfesten usw., Empfehlungen für gut zugängliche Hotels

Klimadiagramm München

	J	F	M	A	M	J	J	A	S	O	N	D
Mittlere Tagestemperaturen in °C	2	4	8	13	17	21	23	22	19	14	7	3
Mittlere Nachttemperaturen in °C	-5	-4	-1	3	7	10	12	12	9	4	0	-4
Sonnenstunden/Tag	2	3	4	5	6	7	8	7	6	4	2	2
Regentage/Monat	11	10	11	12	13	14	12	12	9	8	11	11

Reiseinfos von A bis Z

So ein bisserl Schnee kann einen Münchner nicht schrecken

und Restaurants, außerdem Standorte von Behindertentoiletten, rollstuhlgerechten Geldautomaten und medizinischen Einrichtungen. Außerdem werden Stadtführungen in Gebärdensprache in verschiedenen Sprachen angeboten.

Sport und Aktivitäten

Joggen, Laufen
Jogger haben es gut in München – so viele Parks laden zu längeren und kürzeren Laufrunden ein: Nymphenburger Schlosspark, Englischer Garten, Ostpark, Westpark, Luitpoldpark, Isaranlagen, Hirschgarten... **Lauftreff** des Sportamts der Stadt München: Do 18.45 Uhr im Luitpoldpark. Und für Profis: **München-Marathon,** Mitte Okt. mit rund 15 000 Teilnehmern, Infos unter www.muenchenmarathon.de. Im Juni findet alljährlich der **Stadtlauf München** statt, der als Halbmarathon oder über die Distanzen von 10 und 5 km gelaufen werden kann, außerdem gibt es einen 2 km langen Kinderlauf.

Radfahren
Fahrradverleih: Radius Tours Bikes
■ **B5,** Arnulfstr. 3 (im Hauptbahnhof gegenüber von Gleis 32), Tel. 089 59 61 13, www.radiusmunich.com, 15. April–15. Okt. Mo–Fr 9–18, Sa, So, Fei 9–20 Uhr, Okt.–April wetterabhängig, 3-Gang-Rad 3 €/Std. (Kaution 50 €, Ausweis).
CALL A BIKE: Die markanten rot-silbernen Fahrräder der Deutschen Bahn stehen an vielen Straßenecken im Stadtgebiet. Anmeldung über Internet www.callabike-interaktiv.de oder Tel. 07000 522 55 22, Kreditkartennummer angeben. Rot umrandete Telefonnummer auf dem Schloss-Deckel anrufen, Code empfangen und eingeben, Schloss öffnen, losfahren. 8 Cent/Min., max. 9 €/Tag.

Schwimmen
Freibäder
Dantebad: Postillonstr. 17, Neuhausen, Tel. 089 23 61 79 81, www.swm.de, U1: Westfriedhof, Mai–Aug. tgl. 9–18, bei schönem Wetter bis 20 Uhr, Winter-Warmfreibad (Sept.–April)

Reiseinfos von A bis Z

Sicherheit und Notfälle

Obwohl München als sehr sicher gilt, empfehlen sich wie in allen Großstädten auch hier gewisse Vorsichtsmaßnahmen: Wertsachen möglichst im Hotelsafe zurücklassen, größere Geldbeträge nicht in der Manteltasche herumtragen, Handtasche immer am Körper behalten, ohne sie allzu auffällig an sich zu pressen, Autos in bewachten Garagen abstellen. Abends sollte man sich lieber ein Taxi leisten, als durch unbeleuchtete, einsame Straßen nach Hause zu schlendern. Besondere Vorsicht gilt beim Oktoberfest, da haben Taschendiebe Hochsaison und sanieren sich für den Rest des Jahres.
Notrufnummern: Polizei: 110, **Feuerwehr, Notarzt (EU-weiter Notruf):** 112; **Ärztlicher Bereitschaftsdienst:** 01805 19 12 12; **Zahnärztlicher Notdienst:** 089 723 30-93 oder -94; **EC-Karte sperren:** 116 116

Do–Di 7.30–23, Mi 7–23 Uhr. Breitwasserrutsche, große Liegewiese.
Michaelibad: Heinrich-Wieland-Str. 24, Berg am Laim, U 5: Michaelibad, Mitte Mai–Mitte Sept. 9–18 Uhr, an heißen Tagen bis 20 Uhr. Vier Schwimmbecken, Sprunganlage, 40-m-Edelstahlrutsche, Familien-FKK-Bereich.
Prinzregentenbad: ■ **H 6,** Prinzregentenstr. 80, Bogenhausen, U 4: Prinzregentenplatz, Mitte Mai–Mitte Sept. 9–18 Uhr, an heißen Tagen bis 20 Uhr. 20-m-Erlebnisbecken mit Strömungskanal, 25-m-Sportbecken.
Naturbad Maria Einsiedel: Zentralländstr. 28, Thalkirchen, U 3: Thalkirchen, Bus 135, Mitte Mai–Mitte Sept. 9–18 Uhr, an heißen Tagen bis 20 Uhr. Über 100 Jahre altes Freibad in den Isarauen, mitten durch die Anlage fließt der Isarkanal, FKK-Bereich für Damen und Familien.

Badeseen und Isar
Feringasee: S 8: Unterföhring, ausgeschildert.
Unterschleißheimer See: Beim S-Bahnhof Unterschleißheim (S 1).
Feldmochinger See: S1: Feldmoching. Der größte See innerhalb der Münchner Stadtgrenzen und mit drei Wasserquellen auch einer der saubersten.

Isar: Badestellen vor allem im Süden der Stadt, beim Flaucher, bei der Burg Grünwald und weiter südlich.

Hallenbäder
Cosima Wellenbad: Cosimastr. 5, Arabellapark, U 4: Arabellapark, Tel. 089 23 61 79 21, tgl. 7.30–23 Uhr. Jede halbe Stunde Wellengang.
Müllersches Volksbad: ■ **Karte 2, F 7,** Rosenheimer Str. 1, S-Bahn: Isartor, Tram 18: Am Gasteig, s. S. 44.
Nordbad: ■ **C 2,** Schleißheimer Str. 11, U 2: Hohenzollernplatz, tgl. 7.30–23 Uhr. Eindrucksvolle Schwimmhalle, großer Saunabereich.
Olympia-Schwimmhalle: Coubertinplatz 1, U 3: Olympiazentrum, tgl. 7–23 Uhr. Dort planschen, wo Goldmedaillen geholt wurden! Fünf Schwimmbecken, 10-m-Sprunganlage, s. S. 71.

Zuschauersport
Allianz Arena: s. S. 74, Ticketverkauf für Fußballspiele direkt bei den Vereinen: **FC Bayern München,** Säbener Str. 51–57, Tel. 089 699 31-333, Mo–Fr 8.30–12, 13–17, Do bis 18 Uhr; **TSV München 1860,** Grünwalder Str. 114 Tel. 018 05 60 18 60.
Galopprennbahn München-Riem: Galopp- und Jagdrennen von Anfang

Reiseinfos von A bis Z

April bis Anfang Nov., www.galopp riem.de.
Trabrennbahn München Daglfing: Rennen meist So, Mo, www.daglfing.org
Olympia-Eisstadion: Heimspiele des EHC München, Infos unter www.ehc-muenchen.com.

Telefon und Internet

Telefonvorwahlen
Vorwahl München: **(0)89**
Aus dem Ausland: **+49**
Nach Österreich: **+43**
In die Schweiz: **+41**

Internetcafés
Börse München: Hopfenstr. 4, www.bayerische-boerse.de, Tel. 089 54 90 45 0, börsentgl. 10–14 Uhr.
Café Netzwerk: Luisenstr. 11, Tel. 089 54 83 27 00, www.cafe-netzwerk.de, Computercafé für Schülerinnen und Schüler bis 27 Jahre.
Cyberice-Cafe Schwabing: Feilitzschstr. 15, Tel. 089 34 07 69 55, www.cyberice.de, tgl. 10–1 Uhr, mit Eiscafé.
Internet Point, Flughafen München: Terminal 1 beim Servicecenter Zentralbereich; Terminal 2 Servicecenter in der Nähe der Ankunft (alles Ebene 3), tgl. 24 Stunden geöffnet, www.munich-airport.de.

Unterwegs in München

Mit U- und S-Bahn, Tram und Bus
Das Münchner Verkehrsnetz ist dicht, die Verbindungen sind sehr gut, die Wartezeiten kurz. Der Münchner Tarifverbund MVV umfasst sowohl die städtisch betriebenen U-Bahnen, Straßenbahnen und Busse wie auch die zur

Münchner Sommervergnügen: Im Eisbach bis zur Tivolibrücke treiben lassen, dann mit der Trambahn zurück zur Prinzregentenstraße

Reiseinfos von A bis Z

Der Umwelt zuliebe – nachhaltig reisen

Die Umwelt schützen, die lokale Wirtschaft fördern, intensive Begegnungen ermöglichen, voneinander lernen – nachhaltiger Tourismus übernimmt Verantwortung für Umwelt und Gesellschaft. Die folgenden Webseiten geben einige Tipps, wie man seine Reise nachhaltig gestalten kann, und bieten Hinweise auf entsprechende Reiseangebote in der ganzen Welt.

www.viabono.de: Portal für nachhaltige Tourismusangebote in Deutschland, mit Buchungsmöglichkeit.

www.vertraeglich-reisen.de: Die Zeitschrift stellt auf der Webseite nachhaltige Reiseangebote und Unterkünfte in Deutschland, Österreich und weiteren europäische Ländern vor und gibt originelle Unterkunftstipps.

www.stattreisen.de: Das Forum »Neue Städtetouren« bietet ungewohnte Perspektiven auf 20 Städte in Deutschland und in der Schweiz. Stadtrundgänge zu Fuß, mit öffentlichen Verkehrsmitteln oder dem Fahrrad.

www.reiselust-deutschland.de: Neue Wege für Reisen ohne Auto zeigt die Webseite des Verkehrsclub Deutschland. Der Einkaufsführer »Bewusst Reisen« gibt viele gute Tipps und eine Übersicht über Umweltzeichen in verschiedenen Ländern Europas.

www.adfc.de: Auf der Seite des Fahrradclubs findet man das Portal »Deutschland per Rad entdecken« mit deutschlandweiten Tourenvorschlägen und radfreundlichen Unterkünften.

www.deutschland-tourismus.de: Wohlbefinden und Entdeckungsfreuden bieten das ›Wanderparadies Deutschland‹ auf 200 000 km Wanderwegen. Auf 70 000 km Fahrradwegen kann man Deutschland per Rad entdecken.

Bahn-AG gehörende S-Bahn. Man kann also mit demselben Fahrschein beliebig zwischen den Verkehrsmitteln wechseln. Alle acht S-Bahn-Linien verkehren auf der ›Stammstrecke‹ zwischen Donnersberger Brücke und Ostbahnhof, das heißt, dass mindestens alle 5 Min. eine S-Bahn kommt.

Infostellen: Hauptbahnhof (Fußgänger-Untergeschoss), Marienplatz (Zwischengeschoss der U- und S-Bahnen), Sendlinger Tor (Zwischengeschoss der U-Bahn), Ostbahnhof (DB-Reisezentrum). Fahrpläne, Tarifauskunft usw. auch unter www.mvv-muenchen.de.

Tarifzonen: Das Tarifsystem ist raffiniert ausgeklügelt und erschließt sich Besuchern leider nicht auf den ersten Blick: Das MVV-Tarifgebiet ist in vier Zonen eingeteilt. Je mehr Zonen Sie befahren, desto höher der Fahrpreis. Der Zonenplan hängt an jeder Haltestelle.

Wollen Sie einen **Einzelfahrschein** kaufen, müssen Sie zuerst abzählen, wie viele Zonen Sie befahren und dann ein Ticket für ein, zwei, drei oder vier Zonen kaufen. Mit einer **Streifenkarte** sind pro Zone zwei Streifen zu entwerten. Für ganz kurze Strecken (bis zu 4 Haltestellen mit Bus und Tram, bis zu 2 Haltestellen mit U- und S-Bahn) gilt der günstigere **Kurzstreckentarif** (1 Streifen der Streifenkarte).

Für Besucher lohnt sich fast immer eine Single- oder Partner-**Tageskarte** für einen bzw. drei Tage. Die Karte gilt für beliebig viele Fahrten bis 6 Uhr am folgenden Tag. Auf der Partnerkarte

Reiseinfos von A bis Z

können bis zu fünf Erwachsene mitfahren. Auch bei den Tageskarten wird wieder nach der Größe des zu befahrenen Gebietes unterschieden, aber meist reicht eine Innenraumkarte für den Besuch der wichtigsten Sehenswürdigkeiten (5,20 bzw. 9,40 €, drei Tage 12,80 bzw. 22 €). Die Fahrt **Flughafen–Innenstadt** führt durch vier Zonen.

Ticketverkauf: Alle Fahrscheine sind an den Automaten in den U- und S-Bahnhöfen bzw. in den Straßenbahnen und Bussen erhältlich. Die Automaten nehmen Münzen, Scheine und Geldkarten, beim Kauf mit Geldkarte ist der Preis oft etwas niedriger. **Achtung:** U- und S-Bahnsteige nur mit gültigem entwertetem Ticket betreten!

Nachtlinien: Für Nachtschwärmer gibt es einen Nachtservice, der die ganze Stadt bedient. Die Nachtlinien verkehren im Stundentakt, am Wochenende halbstündlich, und sind an den Haltestellen, die sie bedienen, vermerkt.

Mit dem Taxi

Taxistände gibt es an allen Bahnhöfen und an vielen anderen Stellen der Stadt. Meist ist es kein Problem, ein Taxi zu finden oder herbeizuwinken. Grundgebühr 2,70 €, Kilometerpreis 1,60–1,25 € (je nach Länge der gefahrenen Strecke), Bestellgebühr 1 €.

Taxi-München: Tel. 089 21 610 oder 089 19 410
IsarFunk: Tel. 089 45 05 40

Mit dem Auto

Lieber nicht! Es gibt kaum Parkplätze, auch die Parkhäuser in der Innenstadt sind oft besetzt. Am besten: Auto stehen lassen (Hotelgarage, P+R-Parkplätze etwas außerhalb) und mit den Öffentlichen Verkehrsmitteln fahren. München ist Umweltzone, in die Innenstadt darf man nur mit der **grünen Umweltplakette** fahren.

Stadtrundfahrten und Führungen

Doppeldecker-Stadtrundfahrt: www.citysightseeing-muenchen.de. Ein- oder zweistündige Stadtrundfahrt zu den bekannten Sehenswürdigkeiten, tgl. 10–17 Uhr jeweils zur halben und zur vollen Stunde (im Winter stdl.) ab Hauptbahnhof (Bahnhofsvorplatz vor dem Elisenhof), ab 9,90 €.

Hop-On-Hop-off: www.msr-muc.de. Einsteigen, aussteigen, wie es einem gefällt. Die Busse fahren im Abstand von 20 Min. und halten an vielen interessanten Punkten der Stadt. Tagespass 11,50 €.

Münchener Stadt-Rundfahrten (Panorama-Tours): Arnulfstr. 8, Tel. 089 55 02 89 95, www.msr-muc.de. Verschiedene Touren (1–4.30 Std., z.B. Olympiatour, Bavaria-FilmStadt, Fußballtour, München bei Nacht), tgl. ab 9 Uhr jeweils zur vollen Stunde ab Hauptbahnhof (Bahnhofsplatz vor dem Kaufhaus Karstadt); 13–60 €.

Spurwechsel: Ohlmüllerstr. 5, Tel. 089 692 46 99, www.spurwechsel-muenchen.de. Geführte Radtouren zu verschiedenen Themen (NaTour, PolitTour Bier-Tour inkl. Brauereiführung).

Stattreisen: Frauenlobstraße 24, Tel. 089 54 40 42 30, www.stattreisen-muenchen.de. Stadtspaziergänge durch Münchner Viertel zu bestimmten Schwerpunkten wie Geschichte oder Architektur, Mythen und Legenden, Stadtbäche usw. Teilnahme ohne Anmeldung, Termine siehe Programm (Internet oder Tourist-Info).

Weis(s)er Stadtvogel: Unterer Anger 14, Tel. 089 20 32 453 60, www.weisser-stadtvogel.de. Führungen zu Fuß, mit Rad oder Bus zu verschiedenen Themen, z.B. Altstadtführung, Shoppingtour, Nachtwächtertour, Viktualienmarkt Probiertour, mit der Kammerzofe durch Schloss Nymphenburg.

15 x München direkt erleben

Ob Kundgebung oder Freudentaumel über einen Fußballsieg, ob Christkindlmarkt oder Stadtgründungsfest – am Marienplatz ist regelmäßig der Brennpunkt des städtischen Lebens, für Münchner genauso wie für Besucher, die hier ihre ersten Eindrücke von der bayerischen Metropole empfangen.

1 | Wo das Münchner Kindl wohnt – rund um das Rathaus

Karte: ▶ D–E 6 | **Anfahrt:** S/U-Bahn: Marienplatz

Am Marienplatz schlägt das Herz der Stadt. Hier schneiden sich die Erkundungsrouten durch die Altstadt, hier sammeln sich Scharen von Menschen, um die bunt bemalten Figuren im Glockenspiel tanzen zu sehen. Ob Stadtfeste oder Staatsbesuche, der Empfang siegreicher Sportler oder politische Kundgebungen – der Marienplatz bildet den Schauplatz, das Rathaus die Kulisse.

Das war noch nie anders. Seit der Gründung der Stadt im Jahr 1158 ist hier Gewimmel und Gewusel und Gedränge angesagt. Damals schnitten sich an dieser Stelle zwei Handelsstraßen, so entstand hier ein Umschlagplatz für Waren aller Art, besonders Korn und Salz.

Der Markt besteht längst nicht mehr, nur an Weihnachten werden die Buden des Christkindlmarkts aufgebaut, und das Gedränge, das dann herrscht, steht dem des Mittelalters und der beginnenden Neuzeit in nichts nach.

Bereits im Jahr 1315 befahl Kaiser Ludwig der Bayer, dass dieser Platz nicht bebaut werden dürfe, und mehr oder weniger hat man sich bis heute daran gehalten. Nur für die **Mariensäule** 1 wurde eine Ausnahme gemacht. Sie ist eines der Wahrzeichen Münchens, schon allein deswegen, weil sie sich so dekorativ in den Vordergrund der markanten Stadtansichten mit Rathausturm und Dom schiebt. 1637 ließ Kurfürst Maximilian die Säule errichten, zum Dank dafür, dass München im Dreißigjährigen Krieg vor der Zerstörung durch die Schweden bewahrt worden war. Ganz ungeschoren war die Stadt freilich nicht davongekommen, hatten die Schweden doch eine so gewaltige Ablösesumme verlangt, dass alles Gold von Bürgern, Kirchen und Adeligen nicht ausreichte und 42 Bewohner als Geiseln mit den Schweden ziehen

1 | Rund um das Rathaus

mussten. Dennoch: Die Stadt war unversehrt, hatte sogar die Pest überlebt, nun schuldete man der Gottesmutter Dank. Die goldene Figur mit Zepter und Krone steht auf einer über 11 m hohen Marmorsäule, auf den Sockeln der Balustrade kämpfen vier barock-kindliche »Heldenputten« einen erbitterten Kampf gegen die Übel der Welt: Hunger (Drache), Krieg (Löwe), Pest (Basilisk) und Ketzerei (Schlange) – schließlich stand München stets im katholischen Lager. Am **Fischbrunnen** erinnern drei Figuren an den ›Metzgersprung‹, einen Zunftbrauch der Metzgergesellen.

> **Übrigens:** Welche Bedeutung der Marienplatz für München hat, zeigt die Tatsache, dass die Mariensäule den Nullpunkt für die Kilometerzählung aller von München ausgehenden Straßen markiert.

Prachtbau nach flämischem Vorbild

Jahrhundertelang war der alte Schrannen- und spätere Marienplatz dem Handel vorbehalten und hatte mit Repräsentation nichts im Sinn. Das änderte sich in der zweiten Hälfte des 19. Jh. Im Jahr 1875 zählte die Stadt fast 200 000 Einwohner, doppelt so viele wie nur 25 Jahre zuvor. Mehr Menschen, mehr Verkehr, neue Techniken, Fabriken und Handelshäuser – das alles konnte nicht mehr in dem kleinen, verwinkelten Alten Rathaus verwaltet werden, das fast 400 Jahre gute Dienste geleistet hatte. Aus dem Marktplatz wurde nun der repräsentative Sitz des Münchner Magistrats. Ein neues, geräumiges, den Erfordernissen und dem Geschmack der Zeit entsprechendes Rathaus sollte her. 24 schöne stattliche Häuser, die ganze Nordseite des Platzes, mussten weichen, an ihre Stelle setzte man den neugotischen Prunkbau des **Neuen Rathauses** 2 mit spitzbogigen Arkadengängen, Erkern, Lauben, Türmchen und Fialen sowie über die gesamte Front Standbilder bayerischer Herrscher, dazu Wappen und Friese und was dergleichen Zierrat mehr ist – sogar ein Lindwurm ist zu entdecken.

Nicht ganz in der Mitte der Fassade erhebt sich der 85 m hohe **Turm,** der nach den Vorbildern der flämischen und Brabanter Belfriede gestaltet ist. Ganz oben steht mit ausgebreiteten Armen das Münchner Kindl, weiter unten geht täglich das Spektakel in Szene, das sich kein Besucher entgehen lässt: Zu den Klängen des mit 43 Glocken größten und bekanntesten **Glockenspiels** Deutschlands reiten zwei geharnischte Ritter aufeinander zu. Sie fechten in einem Turnier zu Ehren der Hochzeit von Herzog Wilhelm V. mit Renata von Lothringen im Jahr 1568 – das Brautpaar schaut im Hintergrund wohlwollend zu. Sobald einer der Ritter vom Pferd gestoßen wird, beginnen auf der Ebene darunter die Schäffler (Küfer) mit leuchtend roten Jacken und grünen Reifen ihren Zunfttanz. Das Lied, das dazu gespielt wird, ist allen Münchnern wohl bekannt: »Aber heit (heute) is koid (kalt), aber heit is koid ...«.

Dieser Tanz wird noch heute alle sieben Jahre von den Schäfflern auf den Straßen Münchens aufgeführt. Er geht der Legende nach auf das Pestjahr 1517 zurück, als die Schäffler den verängstigten Münchnern Mut machen wollten. (Genau genommen freilich gab es 1517 Jahr keine Pest in München, die Legende ist jünger als der Tanz!)

Das Portal im Turm führt in den **Prunkhof,** in dem man nicht nur Zugang zur Rathauskantine hat, sondern auch das in den Boden eingelegte Labyrinth bewundern kann.

1 | Rund um das Rathaus

In den Fünf Höfen

Hoflieferanten und Luxusläden

Die Straßenzüge nördlich des Rathauses waren das Einzugsgebiet der Residenz. Dort hatte man ständig Bedarf an feinsten Stoffen, Spezereien, Schmuckstücken und vielem mehr. Rechts, links und hinter dem Rathaus war daher die bevorzugte Geschäftslage, wo sich Hoflieferanten und andere Geschäfte ansiedelten – auch das nahe Hofbräuhaus (s. S. 100) war ja eine Einrichtung des Hofes.

Gleich am Marienplatz, in prominenter Lage, steht das Edelkaufhaus **Beck** 1, dessen Werbezeile »Ludwig Beck am Rathauseck« den Münchnern seit 150 Jahren vertraut ist. Als »Kaufhaus der Sinne« hat es sich erfolgreich in der modernen Shoppingwelt etabliert. Die einstige Knopfmacher- und Posamentier-Werkstatt, in der die Münchnerinnen Kurzwaren, Bänder und Spitze kauften, von der sich aber auch König Ludwig II. seine Märchenschlösser ausschmücken ließ, bietet neben Mode, Dessous, Accessoires und Trachten auch eine exzellente Musikabteilung mit Schwerpunkt auf klassischer Musik und eine Papeterieabteilung mit schönen und außergewöhnlichen Schreibwaren.

Die Arkaden das Rathauses besetzen alt eingesessene Modegeschäfte wie **J. G. Mayer** 2 mit exklusiver Herrenmode oder die auf fränkische Wurstwaren spezialisierte **Metzgerei Clasen** 3 sowie das traditionsreiche Handschuhgeschäft **Roeckl** 4.

Grüne Wiese in der Stadt – der Marienhof

Hinter dem Rathaus – liegt eine grüne Wiese! Lange wurde um dieses Filetstück im Zentrum gerungen, für eine Freifläche ist das Grundstück eigentlich zu wertvoll. Doch letztlich blieb der **Marienhof** 3 unbebaut, eine kleine Oase im Pflasterdschungel. Und wie schön man hier flanieren kann, wie verlockend ein Schaufensterbummel ist! Beim **Dallmayr** 5 in der Dienerstraße tragen sie tatsächlich die gestärkten Schürzen, die man aus der Werbung kennt. Wer hier zu lange stehen bleibt, den ziehen die Düfte von Kaffee und Törtchen, frischem Brot und Hummercremesuppe unweigerlich hinein in das große Delikatessengeschäft mit Bistro,

1 | Rund um das Rathaus

Café, »Lukullusbar« und Sternerestaurant (4-Gänge-Menü 95 €).

Alte und neue Höfe

Der **Alte Hof** 4 war die erste Residenz der Wittelsbacher Herzöge in München. Trotz der vielen An- und Umbauten, der Abbrüche und Veränderungen wirkt er noch recht mittelalterlich, vor allem der Burgstock und der Turm mit Spitzbogenportal und Rautenbemalung sowie der zierliche hölzerne Erker. Um diesen so genannten ›Affenturm‹ rankt sich die hübsche, aber leider von A bis Z erfundene Geschichte um einen Affen, der ein Baby, den späteren Kaiser Ludwig den Bayer, aus der Wiege gestohlen und mit ihm am Turm auf- und abgeklettert sei. Zu guter Letzt habe er das Kind dann unversehrt zurückgelegt. Standesgemäß residiert in den mittelalterlichen Mauern heute **Manufactum** 6, das Edelgeschäft für zahlungskräftige Retrojünger.

Die **Fünf Höfe** 5 zwischen Theatiner-, Maffei- und Salvatorstraße setzen ganz auf Modernität. Die ineinander übergehenden Passagen – Maffeihof, Schäfflerhof, Viscardihof, Perusa- und Portiahof – prunken mit Glas und Stahl sowie einem raffiniertem Lichtkonzept. Hier findet eine kaufkräftige Klientel Boutiquen der jeweils angesagten Edelmarken, müde Shopper eine gute Auswahl an Cafés und Bistros, darunter die **Schumann's TagesBar** 1 des weit über München hinaus bekannten Charles Schumann (Mo–Fr 8–21, Sa 9–19 Uhr) und das Restaurant des Sternekochs Karl Ederer (s. S. 97). Kunstsinnige hingegen lockt die Kunsthalle der **Hypo-Kulturstiftung** 6, die interessante, publikumswirksame Ausstellungen präsentiert.

Öffnungszeiten

Rathausturm: Nov.–April Mo-Fr 10–17, Mai–Okt. Mo–Fr 10–19, Sa, So, Fei 10–19 Uhr, 2 €.
Glockenspiel: tgl. 11 und 12 Uhr, im Sommer auch 17 Uhr; um 21 Uhr wird das Münchner Kindl von seinem Schutzengel und einem Nachtwächter zu Bett gebracht.
Hypo-Kulturstiftung: tgl. 10–20 Uhr, 12 €.

Essen und Trinken

Ein Rathaus, das auf sich hält, muss natürlich auch einen **Ratskeller** 1 haben. In den altdeutsch anmutenden Gewölben sitzt man gemütlich bei deftigen Gerichten oder feinen Kleinigkeiten (tgl. 10–24 Uhr). Noch uriger ist die **Fränkische Weinprobierstube** (tgl. 15–24 Uhr, im Ratskeller) mit ihrer Schmankerlküche und Zither- oder Akkordeonmusik. Für die klassische Kaffeepause mit herrlichen Kuchen bietet sich das **Backhaus Rischart** 2 an. Wer einen Tisch am Fenster ergattert, hat den ganzen Marienplatz mit der Rathausfassade vor sich.

2 | Marktwirtschaft wie eh und je – der Viktualienmarkt

Karte: ▶ D–E 6–7 | **Anfahrt:** S/U-Bahn: Marienplatz

Der Viktualienmarkt ist weit über die Grenzen Münchens hinaus berühmt für das gewaltige Angebot an Obst und Gemüse, Pilzen und Käse, Schinken und Speck, Fisch, Wurst, Gewürzen, Kräutern, Wein, Brot und allem, was dem Gaumen schmeichelt.

Ein schöner Turm steht da, wo die Straße vom Marienplatz ins Tal führt, jener Straßenzug, der den Verlauf der alten Salzstraße markiert. Der Turm hieß einst, wie er aussieht: »Schöner Turm«, mit bürgerlichem Namen **Alter Ratsturm** 1. Wie schön er war, hing vom jeweiligen Zeitgeschmack ab, denn er wurde mehrfach zerstört und neu aufgebaut, mal mehr, mal weniger üppig bemalt und mit immer neuen Turmspitzen versehen. Immerhin hat er schon mehr als neun Jahrhunderte auf dem Buckel, denn er gehört noch zur ersten Stadtbefestigung und ging nach der ersten Erweiterung der Stadt in den ›Besitz‹ des damaligen Rathauses über.

Heute hütet er das Reich der Kindheit: In vier Stockwerken ist das **Spielzeugmuseum** untergebracht, das der Cartoonist Ivan Steiger mit seiner Frau aufgebaut und mit immer neuen Ausstellungen zu einem nicht nur von Kindern gern besuchten Ort gemacht hat.

Das **Alte Rathaus** 2, ein im Vergleich zum Neuen Rathaus eher bescheidener, aber dennoch selbstbewusster gotischer Bau mit Zinnengiebel und kleinen Eck- und Giebeltürmchen, ist ein Werk von Jörg Halspach, des Baumeisters der Frauenkirche (s. S. 35). Nur auf besondere Einladung, etwa anlässlich einer Ehrung, darf man den Rathaussaal besichtigen. Er ist von einem großen, hölzernen Tonnengewölbe überspannt, Sonne und Mond, ein Reichsadler und zwölf Wappenschilder schmücken ihn, außerdem Kopien der Moriskentänzer von Erasmus Grasser,

2 | Viktualienmarkt

Die Originale sind im im Stadtmuseum zu besichtigen (S. 38).

Solang der Alte Peter ...

Auf dem Petersbergl erhebt sich Münchens älteste Pfarrkirche, der **Alte Peter** 3. Eine erste Kirche stand hier wahrscheinlich schon, als die Stadt noch gar nicht existierte. Betrachtet man die Fassade genauer, sieht man deutlich, dass die Kirche einst zwei mächtige Vierecktürme besaß, zwischen die nach einem Brand im Jahr 1327 ein einzelner, 91 m hoher Turm gesetzt wurde. Der markante Renaissancehelm ist eines der Wahrzeichen Münchens, die acht Kirchturmuhren dienen – frei nach Karl Valentin – dazu, dass mehrere Menschen gleichzeitig die Uhrzeit ablesen können. Wenn man die vielen Stufen bis zur Aussichtsgalerie überwunden hat, vergisst man allerdings die Zeit: So schön ist der Blick über die ganze Stadt, über die weite Schotterebene hinweg bis zu den Alpen, die bei Föhn zum Greifen nah erscheinen.

Im Inneren der Kirche: feinster, üppiger Barock mit Posaunenengeln, Stuckorgien und einem großartigen Hochaltar, auf dem der Apostel Petrus die Heilige Schrift auslegt. Er trägt die päpstliche Tiara: Sobald ein Papst stirbt, wird sie ihm abgenommen und erst wieder aufgesetzt, wenn sein Nachfolger ins Amt eingeführt wurde. Weiblichen Singles sei ein Besuch bei der hl. Munditia empfohlenen, deren Reliquien kostbar geschmückt in einem gläsernen Sarkophag an der linken Längswand ruhen: Sie ist die Schutzpatronin der alleinstehenden Frauen.

Der Bauch der Stadt

Vorbei an der **Heiliggeistkirche** 4 mit dem malerischen Zwiebelturm und der kostbaren barocken Ausstattung erreicht man den ›Bauch Münchens‹, den berühmten **Viktualienmarkt** 5. An einem sonnigen Vormittag muss man einfach an den Ständen vorbeiflanieren und den lautstarken Anpreisungen der ›Standlfrauen‹ lauschen, da eine dicke Regensburger, dort ein resches Maurerloaberl kaufen und sich dann mit Wurst und Brot zufrieden in die Sonne setzen. Vielleicht in die Nähe eines der **Volkssängerbrunnen,** die den berühmten Münchner Brettlkünstlern Karl Valentin, Liesl Karlstadt, dem Weiß Ferdl, Elise Aulinger, Ida Schumacher und dem Roider Jackl gewidmet sind. Wer es gemütlicher haben will, besucht den **Biergarten** 1 im Schatten des Maibaums. Hier ist jeden Tag das Bier einer anderen Brauerei im Ausschank – eine konsensstiftende Bestimmung der Stadt.

An das Petersbergl schmiegt sich die Metzgerzeile mit Fachgeschäften für feine Wurstwaren, Wild, Innereien oder Pferdefleisch, dazwischen übrigens ein Fachgeschäft für Kämme. Im hinteren Teil des Platzes steht die **Schrannenhalle** 6. Sie ist – unter Einbeziehung der originalen Stahlkonstruktion – eine Rekonstruktion der alten ›Schranne‹, die 1853 hier eröffnet wurde, damit der Getreidehandel nicht länger unter freiem Himmel auf dem Marienplatz statt-

> **Übrigens:** Auf die Peterskirche bezieht sich Münchens (inoffizielle) Stadthymne »Solang der Alte Peter am Petersbergl steht...«. Der Bayrische Rundfunk verwendet die Melodie als Pausenzeichen. Nach dem Krieg, als die Kirche weitgehend zerstört war, wurde der Ton auf der letzten Silbe weggelassen – wie die Kirche war auch das Lied unvollständig. Erst seit dem Wiederaufbau im Jahr 1951 wird die erste Zeile bis zum Ende gespielt.

2 | Viktualienmarkt

finden musste. Die avancierte Eisen-Glas-Konstruktion war zwar architektonisch eine Meisterleistung, logistisch aber eher ein Flop: Kaum war sie fertig, wurde das Korn mit der Eisenbahn transportiert und kam nicht mehr auf Fuhrwerken durch das Tal herangerumpelt. Der Bahnhof aber lag am anderen Ende der Stadt ... Im Jahr 2005 wurde die neue Schrannenhalle eröffnet und zog mit ihren Prosecco-, Austern- und Schmalzbrotständen zunächst recht viel Publikum an. Nach der Insolvenz der Betreibergesellschaft wurde sie 2008 vorläufig geschlossen und nur für bestimmte Events wie Public Viewing zugänglich gemacht.

Mehr Glück hat **Der Pschorr** 2 (tgl. 10–23 Uhr), der im Kopfbau residiert, ein gestandenes Wirtshaus mit guten Weißwürsten, einer deftigen Brotzeit, einem reellen Schweinsbraten, einer gemütlichen Gaststube und einer schönen Terrasse.

Öffnungszeiten
Spielzeugmuseum: Tel. 089 29 40 01, www.spielzeugmuseum-muenchen.de, tgl. 10–17.30 Uhr, 3 €.
St. Peter: Rindermarkt 1, Tel. 089 260 48 28, tgl. 7.30–19 Uhr, Mi nachmittag geschlossen. **Turm:** Sommer Mo–Fr 9–19, Sa, So, Fei 10–19 Uhr, Winter Mo–Fr 9–18, Sa, So, Fei 10–18 Uhr, 1,50 €.
Viktualienmarkt: Mo–Fr 8–18, Sa 8–14 Uhr.

Essen und Trinken
Heilige Dreifaltigkeit! möchte man ausrufen, wenn man vom Markt kommend unversehens auf den kleinen Dreifaltigkeitsplatz stößt. Sein Name scheint sich auf die drei Wirtshäuser zu beziehen, die ihn sich teilen. Alle drei bieten bayerische Küche, jedes mit einem besonderen Schwerpunkt. Im **Valentin Stüberl** 3 (Tel. 089 22 69 50, Mo–Sa 10–23 Uhr, Hauptgerichte 9–13 €) gibt es neben den deftigen Hauptgerichten gute Brotzeiten mit Zillertaler Spezialitäten. Das Restaurant **Zum Alten Markt** 4 (Mo–Sa 10–24 Uhr, Tel. 089 29 99 95, Hauptgerichte um 18 €) lockt mit »veredelter bayrisch-internationaler Küche«, legt Wert auf saisonale Ausrichtung der Speisekarte und punktet mit Waller und Saibling aus einheimischen Gewässern. Das **Bratwurstherzl** 5 schließlich (Tel. 089 29 51 13, tgl. 10–23 Uhr, Tagesgericht 6 €) setzt mit stets unveränderter Karte mit fränkischem Einschlag auf Tradition – aber was gibt es bei Rostbratwürstl, Sauren Zipfeln oder ofenfrischem Schweinsbraten schon zu verbessern? Eine Münchner Tradition ist das **Café Frischhut** 6 am Rand des Viktualienmarkts, das für die hungrigen Marktleute seine Tür schon vor Tau und Tag öffnet, aber auch manchen Nachtschwärmer mit Krapfen, Ausgezogenen und Strauben vor dem Absturz rettet (Mo–Sa 5–18 Uhr).

3 | Prachtbau unter welschen Hauben – die Frauenkirche

Karte: ▶ D 6 | **Anfahrt:** S/U-Bahn: Marienplatz

Nur mit Mühe scheint die Kirche auf dem kleinen Areal zwischen Marienplatz und Stachus Platz zu finden. Man muss schon um sie herumgehen, den Kopf in die Höhe, um ihre Ausmaße wirklich zu erfassen. 109 m lang, 40 m breit, und der Dachfirst erhebt sich 58 m über das Pflaster.

Mit diesen Maßen ist der Münchner **Liebfrauendom** , so weit er sich über die Dächer der Stadt erhebt, allerdings eher im Mittelfeld der gotischen Kathedralen zu finden. Der Backsteinbau wirkt recht kompakt, der Blick verirrt sich nicht wie etwa beim Kölner Dom im Gewirr von Strebewerk und Fialen. Der Bauschmuck ist maßvoll, aber gediegen: Schmale, hohe Fenster betonen die Höhe der Mauern, erst ganz oben in den Spitzbögen findet sich zartes weißes Maßwerk. Ein Fries aus Maßwerk säumt auch das gewaltige Dach. Die Portale sind ebenfalls kunstvoll, aber zurückhaltend ausgeführt. Schließlich war das Gotteshaus zunächst nicht mehr als eine einfache Pfarrkirche, erst 1821 wurde München zur Bischofsstadt erhoben und die Frauenkirche zum Dom.

Mit dem Bau wurde 1468 der Maurermeister Jörg von Halspach beauftragt. Dieser arbeitete zielstrebig und zügig, mit Fantasie und viel Sinn für ästhetische Lösungen, aber ohne Größenwahn. Nach knapp zehn Jahren stand der Rohbau unter Dach, weitere zehn Jahre später setzte Halspach selbst den letzten Stein, und 1494 konnten die Münchner ihre Kirche feierlich weihen.

Aber die Türme waren noch nicht vollendet! Stämmig wachsen sie zu beiden Seiten der Fassade empor, werden auf Höhe des Dachfirsts schmaler und schmuckvoller und enden in einem friesartigen Fensterband. Soweit, so gut. Doch wie sollte es weiter gehen?

3 | Frauenkirche

Übrigens: Der große schwarze Fußabdruck unter der Chorempore stammt vom Teufel persönlich! Dieser hatte mit dem Baumeister gewettet, dass das Gotteshaus nicht rechtzeitig fertig werde. Doch zum vereinbarten Termin stand die Kirche vollendet da. Der Teufel schlich sich hinein – und war zufrieden: Der Baumeister hatte in der Eile die Fenster vergessen. Und wirklich: Steht man an der bezeichneten Stelle, sieht man keine Seitenfenster, das Mittelfenster war durch den großen Hochaltar verdeckt. Doch dann ging der Teufel einen Schritt weiter und siehe da – nun waren die großen Fenster zu sehen. In maßlosem Zorn stampfte der Teufel mit dem Fuß auf und hinterließ so seine Spur.

Spitze Helme waren schon etwas aus der Mode. Der Rat der Stadt sandte eine Abordnung nach Augsburg. Dort baute man bereits nach venezianischem Vorbild an einem Kuppeldach. 30 Jahre nach der Weihe bekam der gotische Dom seine ›Welschen Hauben‹, das Wahrzeichen Münchens.

Strahlender Innenraum

Der Innenraum ist von maßvoller Großartigkeit. Achtseitige Pfeiler scheinen nach oben zu schießen und fast das Gewölbe zu durchstoßen. An ihnen bricht sich das durch die hohen Fenster einfallende Licht und lässt die Kirche wie von innen heraus leuchten.

Schöne Kunstwerke haben die Münchner ihrem Dom spendiert: Eine wunderbare **Maria im Ährenkleid** des Malers Jan Pollack breitet ihren Mantel aus, die von Erasmus Grasser 1502 geschnitzten Apostel und Propheten im **Chorgestühl** verkörpern ausdrucksstark unterschiedlichste Typen. Auch der um 1520 von Hans Leinberger geschaffene **hl. Georg** und der etwa gleich alte **hl. Rasso,** beide mit langen Spießen und kühnen Mienen, sowie ein Christophorus, der sich durch den Sturm kämpft, während sich das Jesuskind in seinen Bart klammert, sind großartige Zeugnisse gotischer Holzschnitzerkunst. Sehenswert ist auch das marmorne **Hochgrab** für Kaiser Ludwig den Bayern, der 1347 starb. Er hat es allerdings nie bezogen, wegen eines Kirchenbanns durfte er nicht in geweihter Erde bestattet werden.

Öffnungszeiten

Liebfrauendom: tgl. 7–19, Do 7–20.30, Fr 7–18 Uhr, Domführungen Mai–Sept. So, Di, Do 14 Uhr, Dauer ca. 60 Min. Vom Südturm genießt man eine einzigartige Aussicht auf die Stadt und ihr Umland: April–Okt. Mo–Sa 10–17 Uhr.

Essen und Trinken

Nicht wegzudenken vom Frauenplatz ist das **Nürnberger Bratwurstglöckl** 1, wo die über offenem Buchenholzfeuer gegrillten Rostbratwürstl schon Ludwig Thoma schmeckten (Tel. 089 29 19 45 0, www.bratwurst-gloeckl.de, tgl. 10–1, So 10–23 Uhr).

4 | Neu belebt – der St.-Jakobsplatz

Karte: ▶ D 6–7 | **Anfahrt:** S/U-Bahn: Marienplatz

Der St.-Jakobsplatz ist endlich in die Stadt zurückgekehrt. Jahrzehntelang war hier eine gestaltlose, mit Autos vollgestellte Brache, begrenzt von so unterschiedlichen Gebäuden wie dem alten Zeughaus, dem barocken Ignaz-Günther-Haus und einem Parkhaus. Mit dem Neubau der Münchner Hauptsynagoge hat der Platz endlich wieder Gesicht und Struktur.

Der Jakobsplatz ist das Zentrum des Angerviertels, eines alten Handwerkerquartiers, in dem seit dem Mittelalter viele städtische Einrichtungen angesiedelt waren: Das Heilig-Geist-Spital für Arme, Waisen und Kranke, das Henkerhaus, die Heuwaage, das Zeughaus und das Freudenhaus, später die städtische Feuerwache. Von dem einstigen Straßengewirr ist so gut wie nichts erhalten, der allergrößte Teil der alten Bebauung zerstört und verschwunden. Nur der Jakobsplatz und der anschließende Sebastiansplatz lassen zumindest in den Umrissen noch ahnen, wie unregelmäßig und winkelig das Straßenraster einst war.

Was nach 1945 mit diesem Platz geschehen sollte, war jahrzehntelang unklar. Ringsum war das ›alte München‹ nach Kräften rekonstruiert, der Moderne war durch eine breite Schneise für den Autoverkehr Genüge getan. Stünde nicht das Stadtmuseum hier – der Platz wäre vielleicht vollkommen in Vergessenheit geraten.

Typisch München

Das **Münchner Stadtmuseum** 1 besteht aus mehreren Gebäuden. Das spätgotische Zeughaus mit dem hohen Giebel und den zierlichen Ecktürmchen stammt aus dem Jahr 1493, der ehemalige städtische Marstall aus dem Jahr 1410. Sein hohes, spitzes Pultdach

4 | St.-Jakobsplatz

stößt an das vielfenstrige Satteldach des östlichen Teils.

Das Museum hütet die bedeutendsten Zeugnisse der Münchner Stadtgeschichte und stellt sie unter dem Titel **»Typisch München«** in einer hervorragenden, gut durchdachten Ausstellung vor. Dabei wird vor allem das in den Köpfen vieler Besucher – Münchner und Gäste der Stadt – verankerte Bild von der gemütlichen, behäbigen Bürgerstadt gründlich aufgemischt.

Zu den größten Schätzen gehören die zehn **Moriskentänzer,** die der Holzbildhauer Erasmus Grasser 1480 schnitzte. Die etwa 60–80 cm hohen Figuren winden und spreizen sich zu bewegten Tanzfiguren, ihre orientalischen Gewänder flattern, die langen Finger scheinen eine eigene Sprache zu sprechen und die Gesichter – sogar ein ›Mohr‹ ist dabei – zeigen, dass sie aus aller Herren Länder kommen, um in München bei einem Fest aufzutreten.

Nicht weniger eindrucksvoll ist das **Sandtnermodell,** ein detailgenaues hölzernes Modell der Stadt, wie sie um das Jahr 1570 aussah. Haus für Haus und Gasse für Gasse kann man hier die Struktur der Altstadt erkennen und mit der heutigen Gestalt vergleichen.

Eine besonders interessante Abteilung trägt den Titel **Kasperl im Klassenkampf,** der sich auf Lion Feuchtwangers grandiosen Roman »Erfolg. Drei Jahre Geschichte einer Provinz« bezieht. Die Abteilung illustriert die Münchner Geschichte in der Zeit zwischen 1919, den Tagen der bayerischen Räterepublik, und dem Jahr 1935, als Adolf Hitler München den zweifelhaften Titel ›Hauptstadt der Bewegung‹ verlieh.

Darüber hinaus werden Stücke aus dem Silberschatz der Stadt präsentiert, Zeugnisse der Nymphenburger Porzellanproduktion, Bildnisse von Königen und Bürgern, der kleine Finger der Bavaria, schöne Münchnerinnen aller Generationen und Szenen aus dem München der Allerärmsten, die in engen, feuchten ›Herbergshäusern‹ lebten.

Zusätzlich präsentiert das Stadtmuseum weitere Sammlungen, etwa die ständige Schau **Chiffren der Erinnerung,** die die Entstehung und Ausprägung des Nationalsozialismus in München in den Jahren zwischen 1918 und 1945 behandelt. Dazu kommen die **Sammlung Musik** mit etwa 1 500 Musikinstrumenten aus Afrika, Asien, Altamerika und Europa, die **Sammlung Puppentheater/Schaustellerei** mit mechanischen Figuren und Automaten, die **Sammlung Fotografie** und schließlich das **Filmmuseum,** das jeden Tag einen Stummfilm aus seiner umfangreichen Sammlung zeigt.

Das Zelt Jakobs

In den Jahren 2003–2007 wurde der Jakobsplatz vollkommen neu gestaltet. In seinem Zentrum steht nun, frei und selbstbewusst, die Münchner Hauptsynagoge, etwas verschoben dahinter das Jüdische Museum, und als großer, in den Platz hineingeschobener Komplex das Jüdische Gemeindezentrum. Die drei Gebäude haben nun aus der ehemaligen Ödnis ein Gefüge von Plätzen geschaffen, die zum Verweilen, Spielen und Schauen einladen.

Das markanteste Bauwerk ist die **Synagoge Ohel Jakob (Zelt Jakobs)** **2**. Auf den ersten Blick wirkt sie abgeschlossen, versteinert. Ein Quader aus honiggelbem Bruchstein bildet die massive Basis, eine Klagemauer, die im Sonnenlicht schimmert und leuchtet. Ein gläserner Quader darüber, mit einem feinen Gewebe aus Bronze überspannen, hebt die ganze Erdenschwere wieder auf, und wenn er nachts von innen leuchtet, glaubt und hofft man, dass die

4 | St.-Jakobsplatz

jüdische Gemeinde wieder im Zentrum der Stadt angekommen ist.

Von der Synagoge führt der unterirdische »Gang der Erinnerung«, in dem auf hinterleuchtetem Glas die Namen von 4500 ermordeten Münchner Juden erscheinen, zum **Gemeindezentrum der Israelischen Kultusgemeinde** 3. Der offen wirkende Bau, dessen Masse durch die helle Fassade, die versetzt angeordneten Fenster und die Vor- und Rücksprünge zurückgenommen wird, vereint unter seinem Dach eine Vielzahl von Einrichtungen wie Schule, Kulturzentrum, Tagungsstätte, Verwaltung und Restaurant.

Das **Jüdische Museum** 4, dessen Fassade aus geschliffenem hellen Stein die Gestaltung der beiden anderen Gebäude aufgreift und variiert, öffnet sich im Erdgeschoss mit einer durchgehenden Glasfassade den Besuchern. Zwei der drei Stockwerke sind für Wechselausstellungen reserviert, das Untergeschoss präsentiert in der ständigen Schau STIMMEN_ORTE_ZEITEN unter anderem einen Überblick über jüdisches Alltagsleben in München. Etwaige Beklommenheit angesichts des Themas greift ein gut gemachter Comic des Zeichners Jordan B. Gorfinkel gleich am Anfang auf.

Neben dem Gemeindezentrum steht das **Ignaz-Günther-Haus** 5, eines von ganz wenigen erhaltenen Altmünchner Bürgerhäusern, das noch eine »Himmelsstiege« besitzt, also eine Treppe, die ohne Absätze oder Kehren von unten nach oben führt. Der große Rokoko-Bildhauer Ignaz Günther hatte es 1761 erworben und darin bis zu seinem Tod 1775 gewohnt. An der Fassade ist eine von ihm selbst geschaffene Madonnenfigur angebracht.

Öffnungszeiten
Stadtmuseum: Tel. 089 23 32 23 70, www.stadtmuseum-online.de, Di–So 10–18 Uhr, 6 €.
Jüdisches Museum: Tel. 089 233 960 96, Di–So 10–18 Uhr, www.juedisches-museum.muenchen.de, 6 €.

Essen und Trinken
Zu jedem Museum gehört ein Café. Daher hat man am Jakobsplatz die Wahl zwischen dem **Café Makom** 1 (Di–So 10–18 Uhr, bei schönem Wetter Do–So bis 20 Uhr), das mit Spezialitäten aus der jüdischen Küche und einem schönen Kinderspielplatz lockt, und dem immer gut besuchten **Stadtcafé** 2 im Stadtmuseum (Mo–Fr 10–24 Uhr, Fr, Sa 10–1 Uhr), das sich seiner Kuchen, Strudel und Tartes rühmt und internationale Tageszeitungen bereithält. Im Sommer wird im Hof des Museums ein Biergarten aufgemacht.

Nadel und Faden
An der Ecke zum Oberanger fällt die neubarocke Fassade des **Orag-Hauses** 1 ins Auge. Es bietet alles, was Profi- und Hobbyschneider brauchen: Stoffe, Garne, Nadeln, Scheren, Schneiderkreide – und 200 000 verschiedene Knöpfe. Im Haus gibt es mehrere Läden, unter anderem ein Stickerei- und ein Trachtengeschäft.

5 | Bunt und schillernd – Gärtnerplatz und Glockenbachviertel

Karte: ▶ D–E 7–8 | **Anfahrt:** U 1, 2: Fraunhoferstraße

Gleich hinter dem Viktualienmarkt liegt das beliebte Ausgeh-, Shopping- und Designviertel. Der runde Gärtnerplatz mit den vielen Bänken und trendigen Cafés eignet sich besonders gut als Treffpunkt.

Die edle Kulisse gibt das **Theater am Gärtnerplatz** 1 ab, ein schöner klassizistischer Bau mit vorspringendem Portikus, Bogenfenstern und Friesen. Seine Errichtung wurde übrigens weder von der Stadt noch vom König initiiert, sondern von einem Komitee wohlhabender Bürger, die den Bau innerhalb eines Jahres fertigstellen ließen. Zur Einweihung 1865 wurde dennoch König Ludwig II. gebeten, der an dem prächtig-plüschigen Zuschauerraum sicher Gefallen gefunden hat. Fünf Jahre später musste er allerdings einen etwas substantielleren Beitrag leisten und das Theater vor dem drohenden Bankrott retten, seither gehört es zu den Bayerischen Staatstheatern.

Das einst kleinbürgerliche Viertel wurde in den 1990er-Jahren von der schwulen Community Münchens entdeckt und hat sich seither zu einem höchst beliebten Quartier für Ausgeh- und Feierfreudige entwickelt. So haben sich im Rund des Gärtnerplatzes Geschäfte und Cafés etabliert, die die Szene mit Outfit und Auftrittsmöglichkeiten versorgen. Zum Beispiel das **Zappeforster** 1 (tgl. 11–1 Uhr), wo man in ungezwungener Atmosphäre herrliche hausgemachte Waffeln knabbert oder einen Bio-Snack testet. Oder das **Slips** 1, in dem man sich alle Modeträume erfüllen kann, ob Mädchen oder Urban Cowboy: Edles und Schickes von Labels wie Golden Goose, King Baby, Diane von Fürstenberg, übrigens auch das Modelabel Noir, das Kleider aus luxuriösen, aber ökologisch unbedenklichen Materialien herstellt.

5 | Gärtnerplatz und Glockenbachviertel

Shoppingträume

Der Gärtnerplatz liegt im Zentrum eines Straßenkarrees, in dem sich eine schillernde, regenbogenbunte Szene entfaltet. In fast jedem Haus ist ein fantasievoll aufgemachter kleiner Laden mit seinem ganz speziellen Angebot, das auf eine ausgesuchte Klientel zielt. Da gibt es zum einen **Mother Earth** 2 (Reichenbachstr. 33) mit Wallekleidern indischen Zuschnitts und buntem Ethno-Schmuck, andererseits den **Corneliusladen** 3 (Corneliusstr. 29) mit bunter, fröhlicher Mode und ausgefallenen Schuhen und Accessoires, aber auch **Oscar und Paul** 4 (Rumfordstr. 48) mit Design-Geheimtipps sowie Blusen und Kleidern aus dem eigenen Haus, die durch klare Formen, Farb- und Stoffvarianten bestechen – um nur eine kleine Auswahl zu nennen. Wer wenig Geld ausgeben möchte, schaut vielleicht einmal zu **Laurelius** 5 (Reichenbachstr. 22), wo es regelmäßig Sonderangebote und Ausverkäufe schöner Secondhand-Kleidung gibt.

Ein guter Tipp für experimentierfreudige Fashionistas ist das **Haus der kleinen Künste** 6, das jungen Talenten aus den Bereichen Mode, Design und Kunst eine Plattform zur Präsentation ihrer neuesten Arbeiten bietet und daher ein ständig neues Angebot an fantasievollen, manchmal schrägen Kollektionen zeigt (Buttermelcherstr. 18, www.hausderkleinenkuenste.de, Mi–Sa 11.30–19 Uhr).

Schweinsbraten und Kabarett

Natürlich finden sich hier auch Kneipen, Bars, Cafés, Wirtshäuser und Restaurants für jeden Geschmack, jeden Geldbeutel, jede Uhrzeit. Eine der wenigen Konstanten in diesem sich ständig ändernden Viertel ist der **Fraunhofer** 2 (Fraunhoferstr. 9, www.fraunhofertheater.de, Mo–Fr 16.30–1, Sa, So 10.30–1 Uhr). Das ist ein schönes altes Wirtshaus mit gusseisernen Säulen, Hirschgeweihen an der Wand und einer reellen Speisekarte, auf der man Schweinsbraten und Wammerl, aber auch eine Vielfalt an vegetarischen Speisen findet. Dazu gibt es im Hinterhof die legendäre Kleinkunstbühne **Theater im Fraunhofer,** wo bayerische Kabarettlegenden wie Sigi Zimmerschied auftreten und junge Volkssänger daran arbeiten, die traditionelle bayerische Volksmusik weiterzuentwickeln und nicht in den Sumpf der dumpfen Stadl-Volkstümlichkeit absinken zu lassen.

Ausgehen

So richtig zum Leben erwacht das Viertel erst abends und nachts. Dann trifft man sich etwa im **Ksar** 1 (Müllerstr. 31, Mo–Sa 20–3 Uhr) zum Cocktailtrinken, oder man schaut in der **Lizard Lounge** 2 (Corneliusstr. 34, Mo–Sa ab 20 Uhr) vorbei, einer hervorragenden Lounge-Bar mit gutem DJ, oder man stylt sich auf und versucht, ins **Paradiso** 3 (Rumfordstr. 2, Do–Sa ab 22 Uhr) hineinzukommen, eine plüschige Burlesque-Bar mit grandioser Stimmung.

6 | Wunder der Technik – Deutsches Museum

Karte: ▶ E–F 7–8 | **Anfahrt:** S-Bahn: Isartor

Auf einer Insel in der Isar, genau dort, wo Münchens Geschichte begann, steht eines der bedeutendsten Museen Deutschlands. Das Deutsche Museum illustriert die Geschichte des menschlichen Erfindungsgeistes, den Weg vom Faustkeil zum High-Tech-Gerät, vom Einbaum zum Ozeandampfer.

Die Ludwigsbrücke bzw. eine damals noch unbenannte hölzerne Vorgängerin spielte die entscheidende Rolle bei der Gründung Münchens: Über diese Brücke wurden die Waren des süddeutschen Ost-West-Handels über den Fluss transportiert, nachdem Herzog Heinrich der Löwe die ursprüngliche Isarbrücke bei Freising 1158 hatte zerstören lassen. Nun kamen die Zolleinnahmen nicht mehr dem Bischof von Freising, sondern dem Herzog von Braunschweig zugute, die kleine Ansiedlung *Munichen* wuchs, bekam Markt- und Stadtrechte, wurde der Sitz von Herzögen und Königen, und kaum waren 850 Jahre vergangen, war sie eine glitzernde Millionenstadt.

Im Jahr 1800 wurde die große Sandbank, die die Isar auf der Höhe der Brücke teilte, zu einer veritablen Insel befestigt und zu einem der größten Floßhäfen Europas ausgebaut. Heute ist hier der Standort eines einzigartigen Museums.

Das begehbare Lexikon

Das **Deutsche Museum** 1 ist das größte naturwissenschaftlich-technische Museum der Welt, eine dreidimensionale Enzyklopädie der Naturwissenschaften und der Technik. Kein Gebiet, das nicht behandelt wird: Von den steinzeitlichen Höhlenmalereien bis zur modernen Raumfahrt, vom Bergbau bis zur Astronomie – alles, was menschlicher Erfindungsgeist ersann, wird hier gezeigt, anhand von Modellen erklärt

6 | Deutsches Museum

und zugänglich gemacht. Denn das ist der ganz besondere Reiz eines Museumsbesuches: Man darf fast alles anfassen, ausprobieren, in Bewegung setzen. Oder zumindest zuschauen, wie kundige Museumsangestellte Blitze zucken lassen, Glasformen blasen, Luft verflüssigen. Aber verabschieden Sie sich von der Vorstellung, das ganze Museum ›durchzuarbeiten‹ – schmerzende Füße und ein brummender Kopf wären die Folge. Die Exponate sind so zahlreich und vielfältig, dass man auf jeden Fall ein zweites, drittes und viertes Mal kommen muss. Tatsächlich lohnt sich allein für das Deutsche Museum die Anreise von weither.

Übrigens: Die Bedeutung des von Oskar von Miller initiierten Museums war der Stadt von Anfang an bewusst. Bei der Einweihung am 7. Mai 1925, dem siebzigsten Geburtstag des Gründers, war die ganze Stadt geschmückt, ein langer Zug mit Festwagen, die jeweils eine technische Disziplin, ein Handwerk oder eines der vier Elemente symbolisierten, führte vom Nationalmuseum, in dem die Sammlung provisorisch untergebracht war, zum neuen Haus auf der Museumsinsel.

Über und unter Tage

Das Erdgeschoss ist der klassischen Technik vorbehalten. Hier werden Techniken gezeigt und erklärt, die die Menschheit schon seit Jahrtausenden anwendet und entwickelt: Brücken- und Tunnelbau, Schifffahrt und Bergbau, Erdöl- und Erdgasförderung, der Weg von der Kutsche zum modernen PKW. Man steigt in ein Bergwerk hinab und sieht bei der Salz- und Kohleförderung zu, verfolgt den langen Weg der Menschheit vom Erz zum Stahl, erfährt, wie elektrische Energie gewonnen wird, und sieht, wie Hochseefischer einst lebten und arbeiteten. Einer der Höhepunkte ist das **Foucaultsche Pendel.** Es hängt im Hauptturm des Museums und veranschaulicht nichts weniger als die Tatsache, dass die Erde sich dreht – hier sieht man mit eigenen Augen, was man sonst nur glauben kann.

Raus ins All und rein ins Ohr

Der erste Stock ist zur Hälfte der Luftfahrt gewidmet: vom Originalgleiter Otto Lilienthals über die alte Tante Ju bis zum Weltraumlabor Spacelab. In den anderen Abteilungen werden Physik- und Chemieunterricht lebendig, mit vielen historischen Geräten großer Naturwissenschaftler und einer Menge Experimente zum Ausprobieren: Gelten die Naturgesetze auch bei mir? Aufregend ist die Abteilung Pharmazie mit der begehbaren Körperzelle. Eine kleine Verschnaufpause von dem wissenschaftlichen Zugang zur Welt bietet die Abteilung Musikinstrumente und Automaten. Auch hier stellt sich nicht nur die Frage: Wie klingt das? Sondern: Wie kommt der Schall aus dem Instrument heraus und in mein Ohr hinein? Kleines Schmankerl am Rande: Der automatische Knödelesser aus dem 17. Jh.

Im zweiten Stock lockt vor allem die detailgenaue Kopie der Höhlendecke von Altamira mit den verblüffend realistischen Tierbildern, die unsere Vorfahren vor 14 000 Jahren geschaffen haben. Am anderen Ende des Geschosses, nach einem Abstecher in die fantastische Welt der technischen Baukästen, steht das vorläufige Ende der technischen Entwicklung: Die Raumfahrt, u.a. mit dem Nachbau der Mercury-Kapsel, in der John Glenn als erster Amerikaner ins All aufbrach.

Längst sind nicht alle Schätze des Museums ausgeschöpft und betrachtet.

43

6 | Deutsches Museum

Keramik, Mathematik, Zeitmessung, Informatik, Telekommunikation – kein Wissenszweig bleibt unbehandelt. Und mit dem Zuwachs an Wissen wächst auch das Deutsche Museum. 2009 wurde in der ehemaligen Eisenbahnhalle das Zentrum Neue Technologien eingeweiht, in dem das DNA-Besucherlabor jeden Besucher dazu einlädt, unter Anleitung junger Nachwuchswissenschaftler selbst Versuche durchzuführen und dabei Wissenswertes zur Zellbiologie, Vererbung und Gentechnik zu erfahren.

Schön sauber

Technik war *ein* Thema im ausgehenden 19. Jh., ein anderes war die Hygiene. Doch private Bäder waren in den 1890er-Jahren noch weitgehend unbekannt, fließendes Wasser ein Luxus. Das war der Ansporn für den Ingenieur Karl Müller, ein für »Unbemittelte« gedachtes **Volksbad** 2 zu stiften. Das Wasser kam aus der alten Hofbrunnenanlage, erwärmt wurde es durch die Dampfmaschinen des benachbarten Muffatwerks, das Abwasser nahm der Auer Mühlbach mit. Der markante Bau mit dem hohen Uhrturm (für das Wasserreservoir), den Bogenfenstern und dem grünen Kuppeldach ist das schönste Hallenbad der Stadt.

Die Kinderstube des Linksdenkers

Am östlichen Ufer der Isar, in der Zeppelinstr. 41, steht das **Geburtshaus von Karl Valentin** 3. In den damals noch recht ausgedehnten Isarauen trieb der Spediteurssohn sein Unwesen, spielte seinen ›Spezln‹ und Nachbarn arge Streiche und ließ schon früh merken, dass er für einen bürgerlichen Beruf nicht geschaffen war (s. S. 83)

Infos
Deutsches Museum: www.deutsches-museum.de, tgl. 9–17 Uhr, 8,50 €.
Müllersches Volksbad: www.swm.de, Schwimmhalle tgl. 7.30–23 Uhr, Mo Große Halle nur bis 17 Uhr, Sauna tgl. 9–23 Uhr, Di Damentag, Fr bis 15 Uhr Damensauna.

Essen und Trinken
Das **Wirtshaus in der Au** 1 (Lilienstr. 51, Tel. 089 448 14 00, www.wirtshausinderau.de, Mo–Fr 17–1 Uhr, Sa, So 10–1 Uhr, Hauptgerichte um 12 €) ist kein ranziges Bierdimpfl-Lokal, sondern ein gut gestaltetes, an alte Traditionen anknüpfendes modernes Wirtshaus mit jungem Publikum. Alles dreht sich um Knödel, ob Kartoffel-, Semmel- oder Brezenknödel, die mit einem tadellosen Schweinsbraten (10,50 €) oder nur auf Kraut anrollen. Jeden ersten Sonntag im Monat ab 17 Uhr öffnet die ›Tanzbar‹, im Winter gibt es einen Jazz-Frühschoppen, im Sommer sitzt man im Garten, und wer es ganz genau wissen möchte, der bucht einen Knödelkochkurs.

7 | Königliches München – die Residenz

Karte: ▶ E 5 | **Anfahrt:** U 3, 4, 5, 6: Odeonsplatz

Ein »Raumkunstmuseum« ist die Münchner Residenz, so steht es auf der Eintrittskarte, die zum Durchstreifen der Gemächer, Kabinette, Salons, Festsäle, Kapellen und Höfe berechtigt. Und in der Tat zeigt der Palast, wie sich höfisches Stilempfinden über die Jahrhunderte entwickelte – und was Maler, Tischler und Stuckateure zustande bringen konnten, wenn man sie nur gut bezahlte.

Der Name des Fürstengeschlechts der Wittelsbacher war sieben Jahrhunderte mit Bayern verbunden, schon 1255 wählte Ludwig der Strenge München als Residenz. Sein Sitz war noch der Alte Hof. Seine Nachfolger bauten sich Ende des 14. Jh. am nordöstlichen Rand der Stadt, hart an der Stadtmauer, eine ummauerte Wasserburg. Aus ihr entwickelte sich im Lauf der Jahrhunderte dann jene weitverzweigte Schlossanlage, die **Residenz** 1, die heute zum Ruhm Münchens als Kunststadt beiträgt.

Der älteste Teil der Residenz ist das **Antiquarium**, das 1571 vollendet wurde. Der lange, prächtig überwölbte Raum ist das größte und bedeutendste profane Bauwerk nördlich der Alpen. Über und über bemalt mit Ornamenten und Stadtansichten, diente es Herzog Wilhelm V. als Kunstkammer für seine Sammlung antiker Büsten. Heute empfängt hier der Ministerpräsident seine Gäste – auch im modernen Freistaat liebt man den Prunk.

Durch lange Fluchten von Gemächern, an deren Abfolge und Größe noch heute die Feinheiten des höfischen Zeremoniells abzulesen sind, wandern die Besucher – vormittags auf einer etwas anderen Route als nachmittags – und staunen über die goldgefassten Deckengemälde, die Möbel aus polierten Hölzern, die unzählbaren

7 | Residenz

Vasen, Kandelaber, Büsten, Wandteppiche und Prunkuhren. 130 Schauräume, voll mit Möbeln und Gemälden, Tapisserien und Porzellan! Vor allem die **Reichen Zimmer,** die ihren Namen durchaus zu Recht tragen, sind von unvorstellbarer Pracht. François Cuvilliés, der Meisterarchitekt des Rokoko, hat das Ensemble entworfen. Er spielte mit Farbe, Stuck und Spiegeln, dass man kaum mehr weiß, wo die Gemächer enden.

Pracht und Gotteslob

Dass die Wittelsbacher ein urkatholisches Geschlecht waren, zeigen die zwei Kapellen der Residenz. Die **Hofkapelle** (um 1600) ist ein in weißem Stuck erstrahlendes Beispiel für die tiefe Marienverehrung Herzog Maximilians I. Die **Reiche Kapelle** (um 1607) war zur Aufnahme besonders kostbarer Reliquien bestimmt. Ihre Wände sind vollkommen mit Scagliola-Platten verkleidet. Diese Technik, bei der Stuckintarsien in kunstvolle Muster gelegt und dann auf Hochglanz poliert werden, wurde vom Münchner Handwerksmeister Blasius Fistulator (eigentlich Pfeifer) speziell für die Münchner Residenz erfunden. Die Kunst wurde von seinem Sohn noch weiter getrieben, er konnte so fein arbeiten, dass auf den Platten figurenreiche Szenen mit unzähligen feinen Details zu erkennen sind.

Die Schatzkammer

Vollends überwältigt wird der Besucher schließlich in der **Schatzkammer,** die die kostbarsten Schätze der Wittelsbacher hütet. Es handelt sich dabei um Kleinodien, die teilweise bereits im 16. Jh. als »unantastbarer Besitz« des Hauses Wittelsbach bestimmt wurden. Auf diesem Grundstock aufbauend, sorgte die Sammelleidenschaft der Nachfolger für das Anwachsen des Horts. Das Wahrzeichen der Schatzkammer ist eine Statuette des Ritters St. Georg, der bis an die Zähne gerüstet auf seinem Pferd sitzt und dem sich zu seinen Füßen windenden Lindwurm zu Leibe rückt. Steinschneider, Emaillierer und Goldschmiede haben bei diesem Kunstwerk ihr höchstes Können zusammengetragen. Ist man von all den Kronen, Schwertern, Orden, Kreuzen und Tafelaufsätzen aus Gold, Silber, Juwelen, Elfenbein, Bergkristall, Glas und kostbaren Hölzern schon ganz benommen, geht es weiter in die **Paramentenkammer** mit bestickten Altardecken und Priestergewändern, dann in die **Reliquienkammer** mit aufwändig gefassten Gebeinen von Heiligen.

Entzückendes Rokoko

Eine ganz besondere Kostbarkeit in den Mauern der Residenz ist das **Cuvilliés-Theater,** ein Rokoko-Theaterchen, das einem die Augen übergehen lässt. Weiß leuchtende Skulpturen, rot-silbern schimmerndes Schnitzwerk, geraffte rote ›Decken‹, die von den Logen herabzuhängen scheinen – man fühlt sich ein wenig wie im Inneren einer Pralinenschachtel. In diesem Gesamtkunstwerk erlebte im Jahr 1781 Mozarts Oper »Idomeneo« ihre Uraufführung. Damals stand es noch an der Stelle des heutigen Residenztheaters zwischen Residenz und Nationaltheater und war nur dem Hof zugänglich.

Im 19. Jh. galt der in Gold und Ornamenten schwelgende Rokoko-Stil dann plötzlich als überladen und passé. Der Theaterraum wurde als Depot für Kulissen verwendet, 1944 durch Bomben zerstört und 1958 mit den originalen Rangeinbauten in den Apothekenstock der Residenz versetzt. 2008 wurde das Cuvilliés-Theater nach sorgfältiger Restaurierung zum vierten Mal neu eröffnet – als eines der bedeutendsten Zeugnisse des Rokoko.

> **Übrigens:** Anlässlich der 800-Jahr-Feier der Stadt 1958 war der 1933 nach New York emigrierte Schriftsteller Oskar Maria Graf zu einer Lesung ins Cuvilliés-Theater geladen. Als er darauf bestand, zum Festakt in seiner üblichen Kleidung, nämlich Lodenjoppe und kurzer Lederhose, zu erscheinen, der Kleidung, in der er Hals über Kopf das Land hatte verlassen müssen, hätte das Kulturreferat ihn beinahe wieder ausgeladen. Nur das Einschreiten des Münchner Oberbürgermeisters Thomas Wimmer, ein bayerisches Urgestein wie der Schriftsteller selbst, konnte den Eklat verhindern. Und so saß dann der massive Graf in der ›Kurzen‹, mit derben Kniestrümpfen, Hosenträgern und Joppe, auf einem zierlichen Rokokostühlchen und las dem Publikum aus seinen Werken vor.

Auch die Höfe der Residenz sind von großem Reiz, vor allem der achteckige repräsentative **Brunnenhof**, der vom Residenzturm überragt wird, und der spielerisch-bizarre **Grottenhof** mit seinen kulissenhaften Muschel- und Kristallgebilden, der große Kaiserhof und einige andere. In einigen Höfen finden im Sommer Konzerte oder Schauspielaufführungen statt.

Schaufassaden

So wie sie sich heute präsentiert – mit der gewaltigen Quaderfassade zum Max-Josef-Platz hin und dem markanten Festsaalbau am Hofgarten – , sieht die Residenz erst seit dem 19. Jh. aus. Damals entstanden auch die mit monumentalen Szenen aus der bekanntesten deutschen Sage ausgestatteten **Nibelungensäle** sowie die klassizistischen **Königsappartements.** Sie wurden gerade noch fertig, bevor es 1918 aus war mit der Herrlichkeit der bayerischen Könige – und wenig später beinahe auch mit der Residenz. Nach einem Bombenangriff brannte sie 1944 fast vollständig aus. Der Wiederaufbau kostete nicht nur Unsummen, sondern verlangte auch der Kunst der Restaurateure das Äußerste ab.

Wo München ganz italienisch ist

Der **Odeonsplatz** ist einer der schönsten Plätze der Stadt. Die Südseite nimmt die gewaltige **Feldherrnhalle** **2** ein, eine nach dem Modell der Florentiner Loggia dei Lanzi 1844 vollendete Säulenhalle, die »verdienten Heerführern« gewidmet ist: dem General des Dreißigjährigen Krieges, Graf Johann von Tilly, und dem Generalfeldmarschall Carl Philipp von Wrede, der das bayerische Heer 1809 gegen die aufständischen Tiroler anführte.

Doch die Feldherrnhalle spielte auch eine unheilvolle Rolle in der Geschichte Münchens. Hier endete am 9. November 1923 Hitlers »Marsch zur Feldherrnhalle«. Die Landespolizei hielt den Zug der braunen Kampfbundtruppen auf, beim Schusswechsel wurden 15 Demonstranten, ein Passant und vier Polizisten getötet. Nach 1933 wurde hier ein Mahnmal für die »Blutzeugen« des niedergeschlagenen Putsches aufgestellt, das jeder Passant mit erhobenem Arm zu grüßen hatte. Wer sich das ersparen wollte, der nahm den Weg durch die an der Rückseite der Halle vorbeiführende Viscardigasse, die so den Namen »Drückebergergasserl« erhielt. Eine in den Asphalt eingelassene Bronzespur erinnert an diesen kleinen Ausweg des Gewissens.

Rechter Hand führt ein schönes Tor in den Hofgarten (s. S. 84), linker Hand erhebt sich die prächtige barocke **Theatinerkirche** **3**. Und damit

7 | Residenz

kommt nach all den Herzögen und Königen endlich eine Frau ins Spiel. Kurfürstin Henriette Adelaide hat diesen Bau initiiert und die Ausführung bis ins Detail überwacht. Anlass war die lang ersehnte Geburt ihres Sohns und Thronfolgers Max Emanuel 1662. Einen einheimischen Baumeister für ihr Gotteshaus lehnte die aus Savoyen stammende Fürstin ab, nur ein Italiener war ihrer Meinung nach in der Lage, die »schönste und wertvollste Kirche in der Stadt aufzurichten«. So wurde der Bologneser Agostino Barelli verpflichtet, ihm folgte nach einigen Zerwürfnissen der aus Graubünden stammende Enrico Zuccalli, die Fassade entwarf schließlich hundert Jahre später François Cuvilliés.

Tatsächlich wurde es ein wunderbarer Bau, die erste große Barockkirche in Süddeutschland. Diese große Kuppel, die dem Stadtbild einen so klangvollen Akzent verleiht! Diese markanten Türme mit den großen Volutenrollen unter dem knappen Kuppelhelm, die theatralische Fassade! Auch das Innere ist überwältigend: strahlend weiß, festlich, fürstlich. Dicke, von Blüten und Früchten strotzende Girlanden winden sich um die Pfeiler. Wie die Bauherrin aussah? Die Muttergottes am Frauenaltar trägt ihre Züge, das Jesuskind die ihres Sohns.

Henriette Adelaide liegt in ihrer Kirche begraben. In der Fürstengruft ruhen außerdem ihr Gemahl und ihr Sohn.

Öffnungszeiten
Residenz: Max-Joseph-Platz 3, Altstadt, April–15. Okt. tgl. 9–18, 16. Okt.–März 10–17 Uhr, Residenzmuseum und Schatzkammer tgl. 9–18 Uhr, je 6 €, Kombikarte 9 €.
Theatinerkirche: tgl. 7–19 Uhr, www.theatinerkirche.de.

Essen und Trinken
In den Räumen der Residenz lockt die **Pfälzer Residenz Weinstube** 1 (tgl. 10–0.30 Uhr, www.bayernpfalz.de, Tel. 089 22 56 28) mit Pfälzer Riesling, Weißherbst, Sylvaner und Gewürztraminer sowie typischen Spezialitäten, z. B. Saumagen (7,70 €), Crebbenetz (Bratwurstbrät im Schweinenetz, 7,60 €) oder Fleeschknepp (Fleischknödel, 6,90 €) sowie Brotzeiten mit den wunderbaren Pfälzer Wurstwaren. Bei Sonnenschein allerdings gibt es in ganz München keinen schöneren Platz als die Terrasse des **Café Tambosi** 2 (Odeonsplatz 18, tgl. 8–1, Küche bis 23 Uhr). Es ist das älteste Café der Stadt, hier wurde schon Kaffee und »Schockolade« gekocht, als es die Ludwigstraße noch gar nicht gab. Inzwischen ist viel Wasser die Isar hinuntergeflossen, das Lokal hieß ein paar Jahrzehnte lang »Annast«, und so riesig wie einst ist es längst nicht mehr. Das Innere wurde bewusst im 50er-Jahre-Stil eingerichtet, aber wer geht schon hinein, wenn er doch auf dem herrlichen Platz sitzen und sich ganz dem wunderbaren Gefühl hingeben kann, in Italien zu sein.

8 | Prächtiger Boulevard – die Maximilianstraße

Karte: ▶ E–F 6 | **Anfahrt:** Tram 19: Nationaltheater

Die Maximilianstraße ist eine der drei ›Prachtstraßen‹ Münchens. Anders als die etwa 40 Jahre früher entstandene Ludwigstraße ist die von Ludwigs Sohn Maximilian II. geplante Straße ein eleganter, lebhafter Boulevard mit Luxusläden, Theatern, Restaurants und Cafés.

Die Straße beginnt mit einem Tusch. Am **Max-Josef-Platz,** wo Bayerns erster König, Max I. Joseph, leutselig von seinem Thron herunter grüßt, stehen einige hoch repräsentative Gebäude. Das **Nationaltheater** 1 mit der würdevollen griechischen Säulenfront wurde 1818 erstmals eröffnet, brannte fünf Jahre später aus und wurde sofort wieder aufgebaut, diesmal mit einer innovativen Feuerlöscheinrichtung. 1943 wurde es bei einem Bombenangriff erneut zerstört und in den 1950er Jahren in den alten, repräsentativen Formen rekonstruiert. Auch das Innere mit Sälen, Wandelhallen und Foyers sowie dem Zuschauerraum mit der doppelgeschossigen Königsloge (heute Staatsloge) ist ausgesprochen festlich, die Erinnerung an die Privataufführungen für König Ludwig II. bis heute präsent. Die Bühne des Nationaltheaters ist übrigens eine der größten der Welt, nicht nur im Wortsinn: Das renommierte und hoch subventionierte Opernhaus, Spielort der Bayerischen Staatsoper und des Bayerischen Staatsballetts, ist Wirkstätte berühmter Dirigenten und genießt in der Welt der Musik ein großes Renommee.

Der Oper gegenüber steht das **Palais Törring-Jettenbach** 2, die ehemalige Hauptpost, ein für diesen profanen Zweck ausgesprochen prächtiges Gebäude mit markanten Arkaden und pompejanisch-roten Rückwänden, wo man nach dem Umbau hoffentlich wieder stilvoll Kaffee trinken kann.

8 | Maximilianstraße

Sekt oder Selters – in der Maximilianstraße keine Frage

Luxushotel und Jugendstiljuwel

Nun kann der Bummel über die Maximilianstraße beginnen. Versprochen waren elegante Läden, Hotels, Theater und Restaurants, und dieses Versprechen wird mehr als gehalten. Auffallend ist zunächst der einheitliche Baustil der Gebäude, der so genannte ›Maximilianstil‹: ein bisschen englische Gotik, ein bisschen italienische Renaissance, viele Friese und Simse, alles in – damals – modernster Eisenkonstruktionstechnik aufgeführt. So etwa das **Hotel Vier Jahreszeiten** 1 (Nr. 17), eines der großen Nobelhotels Europas und Zentrum der Münchner High Society. Es wurde 1858 erbaut und hatte damals bereits Gasbeleuchtung in allen Zimmern.

Schräg gegenüber steht eines der schönsten Theater Münchens und zugleich eine der renommiertesten Bühnen Deutschlands. Es wurde 1901 vom Jugendstilarchitekten Richard Riemerschmid erbaut und ist Sitz der **Münchner Kammerspiele** 3. Otto Falckenberg, der erste Intendant, führte das Theater mit Mut und Geschick zu künstlerischen Höhen. Geschick bewies er mit der Auswahl von Schauspielern, die er zu einem brillanten Ensemble zusammenzufügen verstand, Mut mit höchst umstrittenen Aufführungen junger, unbekannter Autoren wie Bert Brecht. Seine Nachfolger, darunter August Everding oder Dieter Dorn, passten in seine Fußstapfen und hielten die hohe Qualität. Wer das Glück hat, Karten zu bekommen, wird aber auch vom Zuschauerraum bezaubert sein, einem Farbentraum in reinstem Jugendstil.

Kunst und Kaufrausch

Bis zu dem Durchbruch des Altstadtrings, für den 1968 mehrere Häuser abgerissen wurden, ist nun erst einmal Kaufrausch angesagt. Allerdings teilt die Maximilianstraße das Schicksal anderer Prachtboulevards in aller Welt: Statt individueller Geschäfte fast nur noch ›Monolabelstores‹, edel, gewiss, aber auch austauschbar: Dior, Jil Sander, Chloe, Boss und Armani.

8 | Maximilianstraße

Staatliche Repräsentation

Den Altstadtring kann man oberirdisch oder unterirdisch überqueren. Unterirdisch wird einiges geboten: Das **MaximiliansForum** 4, eine »Interdisziplinäre Kunstpassage«, zeigt in wechselnden Ausstellungen Projekte – ein Ort multimedialer und experimenteller Kunst, die Malerei, Neue Medien, Design, Mode, Musik, Installation, Film und Performance einschließt.

Jenseits des Altstadtrings treten die Gebäude zurück und machen Platz für eine kleine Parkanlage, in der Bronzestandbilder an Persönlichkeiten erinnern, die sich um Bayern verdient gemacht haben, darunter Graf Rumford, dem München den Englischen Garten und die Rumford-Suppe verdankt, und der Physiker Joseph von Fraunhofer. Die rechte Straßenseite wird vom langen Bau der **Regierung von Oberbayern** 5 eingenommen, die linke vom **Museum für Völkerkunde** 6. Es ist eines der größten Deutschlands, 150 000 Exponate zeigen Kunst und Kultur, Alltag und Rituale von Kulturen in Afrika, Asien, Ozeanien und Nord- und Südamerika. Auch das Äußere ist sehenswert: eine lang gestreckte Fassade mit unzähligen hohen Fenstern, auf dem Dach thront die Figur der Bavaria.

Und schließlich steht er selbst da, der Initiator der Straße: das **Max-II-Denkmal** 7 (auch »Max denk zweimal« genannt) zeigt den König in wallendem Ornat. In der rechten Hand hält er die Verfassungsurkunde, dem **Maximilianeum** aber, in dem das bayerische Parlament tagt, wendet er den Rücken zu. Freilich war das kulissenhafte Gebäude am anderen Ufer der Isar beim Tod des Königs noch gar nicht fertiggestellt, auch beherbergte es ursprünglich nur Stipendiaten der noch heute bestehenden Studienstiftung Maximilianeum. Die bayerischen Parlamentarier zogen erst 1949 in das durch hohe Fenster, bunte Mosaike und zahlreiche symbolkräftige Figuren charakterisierte Gebäude. Dass die mitten auf der **Maximiliansbrücke** stehende große Statue der **Athene,** der griechischen Göttin der Weisheit, ebenfalls nicht Richtung Parlament blickt, halten manche für ein schlechtes Omen – sollte man den Abgeordneten nicht das Wohlwollen der Göttin wünschen?

Öffnungszeiten

In der Regel haben die Geschäfte ab 10 oder 11 Uhr bis 19 oder 20 Uhr geöffnet.
Nationaltheater: Führungen mehrmals wöchentlich (Termine unter www.bayerische.staatsoper.de) jeweils um 14 Uhr, Dauer ca. 60 Minuten, Treffpunkt Eingangshalle Nord am Marstallplatz, 6 €. Tageskasse Mo–Sa 10–19 Uhr, Tel. 089 21 85 19 20.
Staatliches Museum für Völkerkunde: Maximilianstraße 42, www.voelkerkundemuseum-muenchen.de, Di–So 9.30–17.30 Uhr, 4 €, So 1 €, Kinder frei.

Essen und Trinken

Im ehemaligen Marstall residiert das schicke Lokal **Brenner Grill** 1 (Maximilianstraße 15, Tel. 089 45 22 88 0, www.brennergrill.de, tgl. 8.30–0 Uhr, Pasta ab 11.30 Uhr, Grill nur mittags und abends) mit hohen Brennholzstapeln in den Nischen und einem großen Außenbereich. Es gibt hausgemachte Pasta (8,50–13,50 €) und frisch Gegrilltes (Fisch oder Fleisch 15–25 €), außerdem ein günstiges Mittagsspecial (10,50 €), alles von purer Schlichtheit und hoher Qualität. Der Sonntagsbrunch (ab 9.30 Uhr) ist ein guter Tipp für Familien (Kinderbetreuung!).

9 | Die Welt der schönen Bilder – das Kunstareal

Karte: ▶ D 4 | **Anfahrt:** U 2: Königsplatz, Tram 27: Pinakotheken

Museen von Weltrang stehen auf einem kleinen Areal in der Maxvorstadt zusammen. Werke aus sieben Jahrhunderten sind hier zu sehen, ein Parforce-Ritt durch die Kunstgeschichte mit ihren eindrucksvollsten Stationen.

Die **Alte Pinakothek** 1 ist eine der ersten freistehenden Gemäldegalerien der Welt. Anders als etwa in den Uffizien oder im Louvre hängen die Gemälde nicht in einem ehemaligen Kanzleigebäude oder in einem Palast, sondern in einem eigens für sie konzipierten Bau. Daher konnten bei der Planung auch wichtige Gesichtspunkte berücksichtigt werden: Die Lage außerhalb der Innenstadt verringerte das Risiko eines Brandes, die Ost-West-Ausrichtung ermöglichte die ideale Beleuchtung der Säle. Als das vom königlichen Baumeister Leo von Klenze entworfene Gebäude 1836 vollendet war, war es daher wegweisend für weitere Galeriebauten in ganz Europa.

Der Bau ist aber auch imposant! Fast 150 m lang, mit großen Bogenfenstern und Halbsäulen. Bevor er 1944 fast vollkommen zerstört wurde und ausbrannte, war er darüber hinaus noch mit den Statuen berühmter Maler geschmückt, das Innere mit großen Fresken ausgemalt. Der Wiederaufbau ließ die Kriegszerstörungen teilweise sichtbar, die Umbauten der letzten Jahre aber haben die Innenräume wunderbar aufgewertet: Ein elegantes Treppenhaus führt ins Obergeschoss, wo die Wände von zwölf großen Sälen nach historischem Vorbild mit grüner und roter Seide bespannt wurden.

Meilensteine der Kunstgeschichte

In der Fülle der über 800 Meisterwerke Meilensteine zu setzen, ist schier unmöglich. Albrecht Dürers weltberühmtes »Selbstbildnis im Pelzrock« von 1500 ist das wohl ungewöhnlichste Bildnis der Porträtgeschichte. Der damals 28-Jährige zeigt sich in strenger Frontalansicht, einer Pose, die bis dahin den Bildnissen von Herrschern, vor allem aber Christus vorbehalten war. Herausragend auch Dürers »Vier Apostel« (1526), vier ausdrucksstarke, überlebensgroße Figuren mit charaktervollen Köpfen. Dann die kaum auszulotende »Alexanderschlacht« (1528/29) von Albrecht Altdorfer, ein gewaltiges, figurenreiches Schlachtenpanorama unter einem heftig bewegten Abendhimmel.

Die Pinakothek besitzt eine der weltweit größten Sammlungen von Rubenswerken, darunter die dramatische »Löwenjagd« oder das Bildnis »Rubens und Isabella Brant in der Geißblattlaube«, das von Wohlstand und Zuneigung spricht. Und noch sind Rembrandt, Holbein und Grünewald nicht genannt, Tizians üppige »Eitelkeit der Welt«, Frans Hals mit seinen stolzen Kaufleuten, Leonardo da Vincis schöne Madonna mit dem Kind, Raffaels streng komponierte, aber höchst lebendige Heilige Familie oder die Genrebilder von Bartolomé Esteban Murillo. Zu den spätesten Gemälden der Epoche gehören die kokett-verträumten Bildnisse des Rokokomalers François Boucher und die ruhigen Landschaften von Claude Lorrain.

Viele Herrscher haben zum Ruhm des Museums beigetragen, angefangen mit Herzog Wilhelm IV., dessen Sammlung von Historienbildern im Erdgeschoss zu sehen ist. Ihre endgültige Form aber gab ihr der kunstsinnige König Ludwig I., der auch den Namen für das Bilderhaus auswählte: Pinakothek.

Die Bilderwelt des 19. Jahrhunderts

Ludwig wusste, dass die Malerei immer wieder neue Werke hervorbringen würde. Daher befahl er für Gemälde »aus diesem und aus künftigen Jahrhunderten« einen weiteren Bau, die später so genannte **Neue Pinakothek** [2]. Der 1853 vollendete Bau wurde im Krieg schwer zerstört und 1949 abgetragen. 1981 wurde an seiner Stelle das neue Museum eröffnet, ein lebhaft gegliederter Baublock (Alexander von Branca) mit hohen, schmalen Fenstern, Erkern und einer verglasten Eingangsfront, ganz im Stil der Postmoderne.

Die Sammlung konzentriert sich auf das 19. Jahrhundert, jene Epoche, in der Malerei und Bildhauerei bedeutende Umbrüche erfuhren und den Weg in die Moderne ebneten. Von der Romantik mit Künstlern wie Wilhelm von Kaulbach, Caspar David Friedrich und Wilhelm Leibl spannt sich der Bogen über die Historienmalerei bis zu Impressionismus, Symbolismus und Jugendstil. Große Namen wie Francisco Goya, Thomas Gainsborough, Edgar Degas, Vincent van Gogh und Auguste Rodin, Lovis Corinth und Max Slevogt sind in dieser Sammlung, liebliche Landschaften, wild bewegte Seestücke, repräsentative Hofkunst, einfühlsame Porträts, aber auch Bilder, die zu ihrer Zeit skandalös wirkten wie etwa das Gemälde »Die Lebensmüden« von Ferdinand Hodler, fünf in resignierter Verzweiflung nebeneinander auf einer Bank sitzende Greise in weißer Anstaltskleidung.

Aufbruch in die Moderne

Die **Pinakothek der Moderne** [3] birgt gleich vier Museen unter einem Dach: Die **Sammlung Moderne Kunst** zeigt in einem Bereich Werke der Klassischen Moderne mit Künstlern wie Ernst Ludwig Kirchner, Emil Nolde, Erich Heckel, Karl Schmitt-Rottluff und Otto Mueller. Ein ganzer Saal ist dem Werk Max Beckmanns gewidmet, ein weite-

9 | Kunstareal

rer Pablo Picasso. Über Josef Beuys, Georg Baselitz, Sigmar Polke, Gerhard Richter sowie die Größen der amerikanischen Gegenwartskunst erreicht man den Sammlungsbereich, der gegenwärtig tätigen Künstlern vorbehalten ist. Häufiger Wechsel der Arbeiten hält das Museum lebendig und aktuell. Auch Fotografie und Video als künstlerische Ausdrucksformen werden in einem neu aufgebauten Sammlungsbereich gezeigt.

Im Erdgeschoss zeigt die **Grafische Sammlung** in wechselnden Ausstellungen jeweils eine Auswahl aus ihrem Schatz von 400 000 Arbeiten auf Papier. Ebenfalls im Erdgeschoss befindet sich die **Neue Sammlung,** eine Schatzkammer modernen Designs aus über hundert Jahren, das mit Objekten des Werkbunds beginnt und bei Computer Culture nicht endet, ein Schwelgen in Stromlinienform oder Organic Design. Schließlich ist auch die **Architektur** als eine der Künste in diesem Haus vertreten und zeigt mit Zeichnungen, Fotografien und 500 Modellen, was Baukunst bedeuten kann.

Diese riesigen Sammlungen brauchen viel Platz. Den bietet das von Stephan Braunfels gebaute und 2002 eröffnete Museum: Mit 12 000 m² Ausstellungsfläche, doppelt so viel wie die Alte Pinakothek, ist es weltweit eines der größten Museen für Kunst des 20. und 21. Jh. Dennoch wirkt es nicht monumental, sondern leicht und frei: ein lang gestreckter Kubus mit weit vorspringenden Flugdächern auf hohen schlanken Säulen. Dadurch, dass über ein Drittel des Volumens in die Erde versenkt wurde, ist der Bau nicht überdimensional hoch und überlässt der Alten Pinakothek die Hauptrolle im Kunstareal. Im Inneren eine gewaltige, lichtdurchflutete Rotunde mit einer 22 m hohen Glaskuppel, die durch ihr Spiel mit Licht und Schatten dem Raum Bewegung und Spannung verleiht. Von dieser Rotunde aus erschließen sich alle Bereiche des Museums, zugleich bildet sie mit der großartigen, trapezför-

Futuristische Formstudien in der Neuen Sammlung der Pinakothek der Moderne

9 | Kunstareal

migen Treppenanlage ein Kunstwerk für sich.

Bunt und avanciert

2009 hat sich ein Paradiesvogel zum Dreiklang der Pinakotheken gesellt: Das **Museum Brandhorst** 4 steht an der Ecke Türken-/Theresienstraße wie eine elegante junge Frau im Strickkleid von Missoni: 36 000 farbige Keramikstäbe bilden die Fassade des von Sauerbruch Hutton erbauten Museumsbaus, in dem der Kunstsammler Udo Brandhorst die von ihm und seiner Frau zusammengetragenen Ikonen zeitgenössischer Kunst präsentiert. Bilder von Künstlern wie Andy Warhol, Sigmar Polke, Bruce Nauman, Mike Kelley, Alex Katz, Damian Hirst, Katharina Fritsch werden hier präsentiert. Ein großer, gekurvter Raum ist dem zwölfteiligen »Lepanto-Zyklus« von Cy Twombly gewidmet, einer Serie abstrakter Schlachtengemälde, die beim ersten Hinsehen leicht und luftig wirken, bei längerem Verweilen aber ein Grauen vor dem hier dargestellten Blutbad dieser Seeschlacht hervorrufen, bei der 50 000 Soldaten starben.

Infos

Alte Pinakothek: Barer Str. 27 (Eingang Theresienstraße), Tel. 089 23 80 52 16, www.pinakothek.de, Di 10–20, Mi–So 10–18 Uhr, 7 €.
Neue Pinakothek: Barer Str. 29 (Eingang Theresienstraße), Tel. 089 23 80 51 95, www.pinakothek.de, Mo, Do–So 10–18, Mi 10–20 Uhr, 7 €.
Pinakothek der Moderne: Barer Str. 40, Tel. 089 23 80 53 60, www.pinakothek-der-moderne.de, Di, Mi, Fr–So 10–18 Uhr; Do 10–20 Uhr, 10 €.
Museum Brandhorst: Theresienstr. 35a, Tel. 089 238 05 13 25, www.museum-brandhorst.de, Di–So 10–18, Do 10–20 Uhr, 7 €.

Erfrischung

Wem vom Kunstgenuss warm geworden ist, der stellt sich am besten in die Schlange vor der Eisdiele **Balla Beni** 1 (Theresienstr. 46, tgl.12–23 Uhr), gleich gegenüber der Sammlung Brandhorst. Es gibt täglich etwa zehn Sorten Eis in ungewöhnlichen Geschmacksrichtungen wie Schoko-Ingwer oder Zitrone-Basilikum. Das Eis wird immer frisch vor den Augen der Kunden hergestellt und ist unwiderstehlich. Werfen Sie auch einen Blick auf das Haus selbst: Das etwas zurückgesetzte, luftig wirkende Mietshaus ist das erste Münchner ›Wohnhochhaus‹, es wurde 1950–1952 von Sep Ruf erbaut, dessen leichte und unprätentiöse Bauten die Nachkriegsarchitektur prägten.

Museumscafé

In der Alten Pinakothek lockt das **Café Klenze** 2 (Mi–So 10–18.30, Di 10–20.30 Uhr) im englischen Stil mit langer Mahagonibar und englischen Kuchen, Sonntagsbrunch.

10 | Gruß aus Griechenland – der Königsplatz

Karte: ▶ C 4–5 | **Anfahrt:** U 2: Königsplatz, Tram 27: Pinakotheken

Gerade wanderte das Auge noch über die kühle Eleganz der modernen Bauten im Museumsareal oder schwelgte im bayerischen Barock, da sieht man sich plötzlich ins antike Griechenland versetzt.

Die Maxvorstadt war die erste planmäßige Erweiterung der Stadt über die mittelalterlichen Stadtmauern hinaus, die 1795 abgebrochen wurden. Hier sollte der Geist einer neuen, aufgeklärten Zeit wehen, Licht und Luft zwischen die villenartigen Häuser mit den großen Gärten dringen. König Ludwig I. fand hier ein großartiges Betätigungsfeld für seine Leidenschaft: München zu einer wahrhaft königlichen Residenzstadt auszubauen.

Der Königsplatz war Ausdruck der edelsten Vorstellungen des Königs, und die wurzelten im antiken Griechenland. Die Verbindung Bayern–Griechenland kam ja nicht von ungefähr: Ludwigs Sohn Otto hatte 1832 den griechischen Thron eingenommen (noch heute zeigt die griechische Fahne die bayerischen Farben Weiß und Blau!). Außerdem besaß Ludwig eine bedeutende Sammlung antiker griechischer Kunstwerke, die eines würdigen Rahmens bedurften – eine schöne Aufgabe für den bewährten Baumeister Leo von Klenze, der München zu einem wahren ›Isar-Athen‹ machte.

Edler Rahmen für Skulpturen

Die klassizistische **Glyptothek** [1] auf der Nordseite des Platzes gleicht einem ionischen Tempel. Im Giebelfeld stehen die griechische Göttin Athene, die Lehrmeisterin der Skulptur, in den Wandnischen antike Bildhauer. Es ist ein wunderbar harmonischer Bau, ein Meisterwerk des europäischen Klassizismus.

Die Glyptothek war das erste Museum für antike Plastik, das eigens für ein allgemeines Publikum errichtet wurde. So kann man sich in der Abfolge der Säle einen chronologischen Überblick über das Schaffen griechischer und römischer Bildhauer machen. Aus der Fülle der wohlproportionierten Jünglinge, der Salbgefäße und Grabdenkmäler, den Götter- und Heldenstatuen leuchten einige ganz besondere Highlights hervor, darunter die um 500 v. Chr. entstandenen »Aeginaten«, Giebelfiguren des Aphaiatempels von Ägina, die aus Ludwigs Sammlung stammen, und der berühmte Barberinische Faun, eine muskulöse, schlafende Männergestalt, die sich dem Besucher in unbefangener Nacktheit präsentiert.

Schätze der Antike

Auf der Südseite des Königsplatzes steht der 1838–1848 nach Plänen von Georg Friedrich Ziebland errichtete Tempelbau der **Staatlichen Antikensammlungen** 2. Er unterscheidet sich von seinem Gegenüber vor allem durch die hohe Treppenanlage und die eher nüchterne, glatte Fassade. Die Figur im Giebel ist keine griechische Göttin, sondern die heimische Bavaria als Beschützerin der Künste.

Das Museum beherbergt eine hervorragende Sammlung griechischer Vasen, die das antike griechische Leben in all seinen Facetten vor Augen führen. Weiterhin werden Kleinbronzen, Terrakotten und feinste Luxusgläser aus griechischer und römischer Zeit gezeigt.

Erhabene Zwecklosigkeit

1862 wurden die **Propyläen** 3 eingeweiht, damit war das »Forum der Antike« vollendet. Der Torbau mit den massiven Pylonen, deren Massigkeit durch die Säulengalerien im Obergeschoss elegant aufgehoben wird, ist dem Freiheitskampf der Griechen gegen die Türken gewidmet. Als Tor im eigentlichen Sinn diente der Bau allerdings nie, die Durchfahrt mit den sechs Säulen auf jeder Seite ist viel zu eng. Die Kunstge-

Der Barberinische Faun, ein Meisterwerk antiker Bildhauerkunst

10 | Königsplatz

> **Übrigens:** An den drei Gebäuden am Königsplatz kann man die ideale griechische Stilentwicklung ablesen: Die Propyläen verkörpern mit ihren einfachen Säulenkapitellen den frühen dorischen Stil, die Glyptothek mit den typischen Schneckenformen den ionischen, die Antikensammlungen mit den mit Akanthusblättern geschmückten Kapitellen den späten korinthischen Stil.

schichtsschreibung rühmt zwar seine Bedeutung als einzigartiges Beispiel des europäischen Klassizismus, verspottet ihn aber zugleich als Bauwerk von »erhabener Zwecklosigkeit«.

Kulisse für die Barbarei

Der Platz, der ja auch dem griechischen Ideal des Humanismus und der Demokratie gewidmet ist, wurde unter der Naziherrschaft aufs infamste geschändet. Der Rasen verschwand unter Granitplatten, in zwei 1935 errichteten »Ehrentempeln« ruhten die Särge der bei Hitlers Putschversuch im Jahr 1923 getöteten Nazis (s. S. 47), zwei martialisch-protzige Bauten schlossen den Platz zur Stadt hin ab. Im »Führerbau« an der Arcisstraße ist heute die **Hochschule für Musik und Theater** [4] untergebracht, das Pendant an der Katharina-von-Bora-Straße wurde zu einem **Haus der Kulturinstitute** [5] umgestaltet.

Am 10. Mai 1933 wurden auf dem Königsplatz im Beisein von 70 000 Zuschauern die Bücher der besten Schriftsteller deutscher Sprache ins Feuer eines makabren Scheiterhaufens geworfen. Im Gedenken an diese Tat brennt der Künstler Wolfram P. Kastner alljährlich zu diesem Datum einen »Brandfleck« in den Rasen – »damit kein Gras über die Erinnerung an den Beginn der Brandstifterei wächst, die im Brand der Synagogen, Städte und Menschen endete«. Dazu wird aus Büchern der »verbrannten Schriftsteller« gelesen – eine Aktion, die von Jahr zu Jahr mehr Mitwirkende auf den Plan ruft.

Infos
Glyptothek: Tel. 089 28 61 00, www.antike-am-koenigsplatz.mwn.de, Di–So 10–17, Do 10–20 Uhr, 3,50 €.

Antikensammlungen: Tel. 089 59 98 88 30, www.antike-am-koenigs platz.mwn.de, Di–So 10–17, Mi 10–20 Uhr, 3,50 €.

Essen und Trinken
Im Innenhof der Glyptothek befindet sich ein stimmungsvolles **Museumscafé** mit einer kleinen, aber guten Auswahl an Kuchen, eine angenehme Oase geradezu klassischer Muße. Der **Volksgarten** [1] (Briennerstr. 50, Tel. 089 57 87 78 59, Mo–Fr 11–1, Sa 17–1, So 10–1 Uhr) ist Bar, Restaurant und Café mit einer ansprechenden Auswahl fantasievoll zubereiteter Gerichte. Am schönsten ist die Sonnenterrasse im Hof des Theaters.

11 | Schwabinger Geist und buntes Leben – das Uniertel

Karte: ▶ D–E 3–4 | **Anfahrt:** U 3, 6: Universität

Ende des 19. Jh. siedelten sich die ersten Künstler, Studenten und Schriftsteller im Viertel um Universität und Akademie an. Heute sind sie immer noch da und bilden einen bunten, eigenwilligen Kosmos.

Begonnen hat der Aufstieg Schwabings vom Bauerndorf und Sommerfrischeort mit dem Bau der **Ludwigstraße**. Sie war ein Projekt König Ludwigs I., der sich so eine Magistrale wünschte, seit er in Rom die Via del Corso bewundert hatte. Es sollte eine Magistrale von heiligem Ernst werden, alle Fassaden einheitlich im Stil römischer oder florentinische Adelspaläste gestaltet. 1816 wurden die ersten Pläne gezeichnet, zunächst von Ludwig von Sckell, später von Leo von Klenze. Nicht, dass man sie gebraucht hätte: Die Straße, die vom Odeonsplatz genau 1000 m nach Norden führt, endete damals mehr oder weniger im Nichts.

Büchertempel und Gotteshaus

Das großartigste – und größte – Bauwerk der Straße ist die **Bayerische Staatsbibliothek** 1, eine der bedeu-

11 | Univiertel

tendsten Bibliotheken der Welt. Über 150 m misst die Front, nur durch den Treppenaufgang akzentuiert. Auf der Balustrade sitzen die »Vier heiligen Drei Könige«, in Wahrheit die griechischen Gelehrten Homer, Thukydides, Hippokrates und Aristoteles. Auch wenn Sie nicht vorhaben, die Schriften dieser Herren zu studieren: Werfen Sie unbedingt einen Blick ins Innere: Die große Prunktreppe war einst dem König vorbehalten.

Die 1844 geweihte **Ludwigskirche** 2 nimmt mit ihren beiden weit auseinander stehenden Türmen, den Rundfenstern und Arkaden den klassizistischen Stil der Straße auf. Das Innere wurde von Peter von Cornelius ausgemalt, mit dem Altarfresko, einem recht dramatischen Jüngsten Gericht im Stil der Nazarener, schuf er das größte Wandfresko der Welt. Um das schöne Mosaikdach der Kirche zu sehen, das 2009 nach den Originalplänen wiederhergestellt wurde, muss man sich allerdings ziemlich strecken.

Geistesleben

Auch die **Universität** 3 ordnet sich dem Bauprogramm der Straße unter und gibt eine würdige Kulisse für das bunte Gewimmel der Studenten, die sich im Sommer mit ihren Büchern und Laptops auf den Rand des schönen **Römischen Brunnens** setzen und die Köpfe ausrauchen lassen.

Der Platz vor der Universität trägt den Namen der Geschwister Scholl. Hans und Sophie Scholl waren in der Widerstandsgruppe »Weiße Rose« aktiv, die sich gegen Krieg und Naziherrschaft engagierte. Am 18. Februar 1943 wurden sie beim Auslegen von Flugblättern im Lichthof der Universität entdeckt und bei der Gestapo angezeigt. Schon vier Tage später verkündete der Volksgerichtshof das Todesurteil, noch am selben Tag wurden sie und ihre Mitstreiter enthauptet. Die Universität gedenkt ihrer mutigen Studenten unter anderem mit einer in den Boden eingelassenen Bronze, die die letzten Flugblätter zeigt.

Zum Frieden mahnend: das Siegestor

11 | Univiertel

Zum Frieden mahnend
Am **Siegestor** 4 endet die Ludwigstraße. Der Triumphbogen ist dem bayerischen Heer gewidmet, das in den Relieftafeln tapfer kämpfend dargestellt ist. Als das Tor 1850 eingeweiht wurde, fehlte noch die stolze Bavaria, die mit vier Löwen dem Bayerischen Heer entgegenfährt. Auf der Stadtseite, die nach der schweren Kriegszerstörung in vereinfachter Form gestaltet wurde, brachte man eine Inschrift an: »Dem Sieg geweiht, vom Krieg zerstört, zum Frieden mahnend«.

Künstler, Spinner, Philosophen
In der Akademiestraße steht die **Akademie der Bildenden Künste** 5, ein recht bedeutungsschwerer Neorenaissancebau, daneben der 2005 eingeweihte kühne Erweiterungsbau des österreichischen Architekturbüros Coop Himmelb(l)au. Nachdem die Akademie 1886 an diesen Standort gezogen war, begann die Verwandlung Schwabings vom Bauerndorf zum Künstlerquartier. Kunststudenten mieteten sich in möblierte Zimmer ein, ihnen folgten bald Dichter, Schriftsteller, Philosophen – und jede Menge Spinner. Sie bevölkerten die Cafés und Kneipen, von denen manche sich bis heute erhalten haben. Zum Beispiel der **Alte Simpl** 1 (Türkenstr. 57, Mo–Fr 11–3, Sa, So 11–4 Uhr), in dem Joachim Ringelnatz und Frank Wedekind, Erich Mühsam und Oskar Maria Graf ihre Gedichte rezitierten und freche Lieder sangen.

An Kneipen herrscht im Karree zwischen Leopold- und Arcis-, Schelling- und Akademiestraße kein Mangel, ebenso wenig wie an schrillen Modeboutiquen oder witzigen Krimskramsläden. Wer in all dem Gewimmel Erholung und Ruhe sucht, findet sie auf dem **Alten Nördlichen Friedhof** 6. Der längst aufgelassene Friedhof hinter der hohen Mauer bietet malerische alte Grabdenkmäler, Bänke und kleine Wiesenstücke für einen Moment der Muße.

Essen und Trinken
In der Amalienpassage bietet der kleine **Gartensalon** 1 (Türkenstr. 90/Amalienpassage) mittags Entspannung und Labung. Man sitzt im ruhigen Innenhof, holt sich ein Stück hausgemachten Kuchen, eine Quiche oder etwas aus dem Wok, dazu eine Biolimo oder ein Bier. Mittagsangebote zu studentenfreundlichen Preisen bietet das **Schall & Rauch** 2 (Schellingstr. 22, tgl. 10–1, Fr, Sa bis 2 Uhr), wo man aber auch bis spät nachts zusammen mit unzähligen anderen gemütlich abhängen kann. Der absolute Klassiker ist der **Schelling Salon** 3 (Schellingstr 54, Ecke Barer Straße, Mo, Do–So 10–1 Uhr). An diesem Lokal, das schon länger besteht als das alte Schwabing, ist das Wort »chillen« definitiv vorbeigegangen. Hier spielt man Billard, isst Jägerschnitzel (10 €), Tiroler Gröstl (5,90 €) oder ein Wurstbrot mit Gurke – nicht viel anders als vor Jahrzehnten Lenin, Brecht, Rilke oder Kandinski.

Einkaufen
Im **Mashalla** 1 (Schellingstr. 52, Mo–Fr 10–19, Sa 10–16 Uhr) kaufte man schon in den 1970er-Jahren ein, damals noch Räucherstäbchen und billig bedruckte Indienkleider, heute aber Kissen, Decken und Teppiche in glühenden Farben und hervorragender Qualität, außerdem farbenprächtige Wohnaccessoires aller Art. Witzige Motiv-T-Shirts verkauft **George Frank** 2 (Amalienstr. 47, www.georgefrank.de), hier können Sie sich ihr ganz individuelles Shirt drucken lassen.

12 | Immer wieder neu – Altschwabing

Karte: ▶ F 1–2 | **Anfahrt:** U 3, 6: Münchner Freiheit

Schwabing ist vielfältig: höchst begehrtes Wohnquartier, glitzernde Ausgehzone, Shoppingmeile und Ort einer lebendigen Kabarettszene. Trotzdem sind zwischen Leopoldstraße und Englischem Garten immer noch Ecken zu finden, die in friedlicher Abgeschiedenheit zu schlummern scheinen.

Die **Münchner Freiheit**, Verkehrsknotenpunkt und Drehscheibe der Nachtschwärmerszene, ist nicht mehr so unwirtlich wie in den vergangenen Jahrzehnten, als eine typische Siebziger-Jahre-Betonlandschaft den Platz beherrschte. Der U-Bahnhof wird nun von einem weiß-grünen Hochdach mit 18 Stützen markiert, das heiter und modern wirkt, der Untergrund ist eine Lichtorgie in tiefem Blau, und auf der Rolltreppe fallen den Passanten fast die Augen aus dem Kopf, weil sie sich in der verspiegelten Decke auf dem Kopf stehen sehen.

Kaum ist man über Tage angekommen, steht da schon ein alter Bekannter – jedenfalls für alle, die in den Achtzigern die Kultserie »Monaco Franze« gesehen haben. Da sitzt Helmut Fischer, der »ewige Stenz« in Bronze gegossen vor dem **Café Münchner Freiheit** 1 und schaut nach Gelegenheiten zum Anbändeln aus, denn »a bisserl was geht immer«. Das Café ist zu allen Tageszeiten ein beliebter Treffpunkt für eine gewisse Schwabinger Szene, die noch heute an manchen Stellen so bunt ist wie vor 30, 60 oder 90 Jahren.

Kabarett und Comedy

Feilitzschstraße, Haimhauserstraße, Marktstraße, Occamstraße – das Ge-

12 | Altschwabing

viert um den Wedekindplatz ist abends voller Menschen, die von Kneipe zu Kneipe ziehen. Die Wege sind kurz, kaum ein Haus, in dem nicht abends eine Bar, ein Bierkeller, eine Imbissbude oder ein Club die Tür öffnen. Dabei hat kaum jemand Augen für den hübschen **Wedekindbrunnen** 1. Er ist dem Dramatiker Frank Wedekind gewidmet, der einen guten Teil zum ›Mythos Schwabing‹ beigetragen hat. Er war der Star der »11 Scharfrichter«, eines der ersten Kabaretts Deutschlands, 1901 gegründet, eine frivole, politisch höchst unkorrekte Mischung aus Tanz, Chansons, Sketchen, Gedichten.

Frech und unterhaltsam sind auch die Kellertheater und Kabaretts, die sich im Umkreis des Wedekindplatzes angesiedelt haben: Das **Rationaltheater** 1 (Hesseloherstr. 18, www.rationaltheater.de) mit politischem Kabarett, Musik und Kino, das sich dem Mainstream entgegenstemmt, das **TamS-Theater** 2 mit brillanten Inszenierungen von »Eigenbrötlern, Eigensinnigen und Hintersinnigen«, wie dem Hausautor Gerhard Polt (Haimhauser Str. 13 a, www.tamstheater.de), die **Münchner Lach- und Schießgesellschaft** 3, deren mutige politische Satiren mit dem jungen Dieter Hildebrandt die Fünfziger aufmischte und die bis heute ein Mekka der Kleinkunst sind, oder das **Lustspielhaus** 4 (Occamstr. 8, www.lustspielhaus.de), eine Bühne für alles, was in Comedy und Kleinkunst einen Namen hat. Im alten »Drugstore«, einer Lokalität, die in den Siebzigern dem Zeitgeist huldigte, bringt das neue Theater **Heppel & Ettlich** 5 (Feilitzschstr. 12, www.heppel-ettlich.de) Kabarett, Multimedia-Shows und Filmabende.

Dörfliches Schwabing
Auf der Suche nach den ruhigen Ecken Altschwabings ist es nicht mehr weit. **St. Sylvester** 2 in der Biedersteiner Straße sieht mit dem alten Friedhof noch aus wie ein altes Dorfkirchlein. Viele Epochen haben am heutigen Erscheinungsbild des um 1500 entstandenen spätgotischen Baus mitgewirkt, in den 1920er-Jahren wurde sogar ein großer neubarocker Erweiterungsbau angefügt

Werneckstraße, Feilitzschstraße und Biedersteiner Straße sind in langen Abschnitten recht ruhige Wohnstraßen, hier lässt sich noch ein Hauch des alten Schwabing erahnen, als neben schnell hochgezogenen Mietshäusern mit aufwändigen Fassaden die Landsitze begüterter Bürger, behäbige Bauernhöfe und ein paar armselige Kleingütlerhäuser eine charmante Melange bildeten.

Das **Schloss Suresnes** 3 etwa, auch »Werneckschlössl« genannt, verkörpert gleich mehrere Epochen der »Traumstadt«, wie der Dichter Peter Paul Althaus den Stadtteil bezeichnete (er wohnte übrigens gleich nebenan, in der Trautenwolffstr. 8). Das Schlösschen begann seine Karriere im 18. Jh. als ›Edelsitz‹ für einen Kabinettssekretär, war im 19. und zu Beginn des 20 Jh. Künstleratelier u.a. für die Bildhauerin

Auf der Leopoldstraße ist immer was los!

12 | Altschwabing

> **Übrigens:** Der Name »Münchner Freiheit« bezieht sich auf die Widerstandsgruppe »Freiheitsaktion Bayern«, die im April 1945 die Bevölkerung über Radio dazu aufrief, endlich den Krieg und das sinnlose Blutvergießen zu beenden und zu kapitulieren. Etliche Mitglieder der Bewegung wurden noch wenige Tage vor der Befreiung von der Gestapo ermordet.

Elisabeth Ney und den Maler Paul Klee. Nach der blutigen Niederschlagung der Münchner Räterepublik 1919 öffnete der ebenfalls hier lebende Maler Hans Reichel seine Tür dem steckbrieflich gesuchten Dramatiker und Revolutionär Ernst Toller. Das Versteck wurde verraten, Toller verhaftet und zu fünf Jahren Festungshaft verurteilt. Die revolutionären Tage sind lang vorbei, heute gehört das schöne Anwesen der Katholischen Akademie in Bayern.

Literarische Spurensuche

Die Mandlstraße führt direkt am Englischen Garten entlang. Vielen Münchner ist sie in romantischer Erinnerung, denn hier befindet sich das Standesamt. Die Feilitzschstraße sollte Thomas-Mann-Jüngern einen kleinen Schlenker wert sein: Hier, auf **Nummer 32** [4] (damals Nr. 5), lebte der Großschriftsteller als junger Mann. Er hatte sich sein Zimmer »ziemlich witzig« eingerichtet, die Wände mit grünem Rupfen bespannt und ein paar Korbstühle erdbeerrot lackiert, trug jeden Tag sein Fahrrad in den dritten Stock und schrieb an seinem ersten Roman: »Buddenbrooks«.

Ganz still ist es in der **Keferstraße**. Auch hier wurde Literaturgeschichte geschrieben. Der Karikaturist Olaf Gulbransson spazierte zwischen 1907 und 1928 gern nackt in seinem verwilderten Garten herum, zur großen Verwunderung der Spaziergänger im angrenzenden Englischen Garten. 1915 zog Rainer Maria Rilke für ein paar Monate in eine kleine Villa ein paar Schritte weiter und lebte »still und ungefunden«.

Aber was ist Kultur ohne eine anständige Mahlzeit und ein erfrischendes Bier? Am Ende der Keferstraße liegt der **Osterwaldgarten** [2] mit großen Kastanien und einer reichhaltigen Speisekarte (Keferstr. 12, www.osterwaldgarten.de, tgl. 10–1 Uhr.).

Essen und Trinken

Zu den Schwabinger Legenden gehört das 150 Jahre alte **Wirtshaus Weinbauer** [3] (Fendstr. 5, Tel. 089 39 81 55, www.Gasthaus-Weinbauer.de, Mo–Fr 11–24, Sa, Fei 15–24 Uhr). Unzählige Studentengenerationen haben die Bänke glattgewetzt und in dem großen Gastraum mit der altmodischen Wirtshaus-Holzvertäfelung diskutiert, philosophiert, poussiert und schnabuliert. Das Essen ist von gleichbleibend guter Qualität, bodenständig wie ein Schnitzel, rundum zufriedenstellend wie ein Brezenknödel und zugleich konkurrenzlos günstig, der Viertelliter Wein einfach, aber anständig, und über den Tischen steigen die Gesprächswolken auf, nur der blaue Zigarettenrauch ist nach draußen verbannt.

Einkaufen

Falls Ihnen vom Pflastertreten die Füße weh tun, schauen Sie doch bei **Bella Natura** [1] vorbei (Haimhauserstr. 6, BellaNatura.mux.de, Mo–Fr 11–19, Sa 11–18 Uhr). Dort gibt es bequeme Schuhe u.a. der Marken Think!, Camper, El Naturalista, außerdem schöne Mode aus Bio-Baumwolle, Hanf, Leinen usw.

13 | Münchner Paradies – der Englische Garten

Karte: ▶ F–H 1–5 | **Anfahrt:** Tram 17: Haus der Kunst

Was täten die Münchner nur ohne ihren Englischen Garten? Keine andere Stadt besitzt einen Park von solcher Größe und Geschlossenheit! Der 3,7 km² große Landschaftspark ist den Münchnern mehr als grüne Lunge, Ausflugsrevier oder Hunde-Ausführzone. Dieser grüne Keil, der sich von Norden her bis an den Rand der Innenstadt schiebt, ist Münchens grüne Seele.

Benjamin Thompson, ein aus Amerika stammender Reformer, der es in Bayern zum Kriegsminister gebracht hatte und später als Graf Rumford bekannt wurde, schlug seinem Kurfürsten Karl Theodor im Jahr 1789 vor, das kurfürstliche Hirschgehege zu einem Volksgarten umzuwandeln. Der Architekt Friedrich Ludwig von Sckell wurde mit der Aufgabe betraut, einen Garten zu gestalten, der der Erholung ebenso wie der Erbauung dienen sollte. Ausdrücklich gewünscht war die »Annäherung aller Stände«. Es entstand einer der ersten großen Landschaftsgärten des Kontinents. Bäume und Freiflächen wechseln einander in scheinbar natürlicher Weise ab, malerische Bauten, Gedenksteine, romantische Steinbänke schaffen Sicht- und Treffpunkte, Bäche, Weiher, Sportanlagen, Spielplätze, Liegewiesen und mehrere Biergärten locken zu jeder Tages- und Jahreszeit Jung und Alt in den Englischen Garten.

Wasser oder Tee?

In den 1970er-Jahren entdeckten die ersten, dass die Schwallwelle, die der Eisbach an der **Himmelreichbrücke** bildet, wenn er aus der unterirdischen Röhre wieder ans Licht kommt, für eine Riesengaudi gut ist. ›Brettlfahren‹ ist seither eine Münchner Trendsportart geworden. An schönen Sommertagen bilden sich regelrechte Schlangen von

13 | Englischer Garten

jungen Leuten mit Surfbrettern, die warten, bis sie an die Reihe kommen, um sich dem – übrigens nicht ganz ungefährlichen – Vergnügen hinzugeben und ihre Tricks zu zeigen.

Szenenwechsel: Ein Hort der Ruhe ist die kleine Insel gleich hinter dem Haus der Kunst, auf der das **Japanische Teehaus KanShoAn** 1 steht. Es wurde im Olympiajahr 1972 als Geschenk der japanischen Stadt Sapporo errichtet, in der die Winterspiele ausgetragen wurden. Ungefähr einmal im Monat führt ein japanischer Teemeister hier eine echte Teezeremonie durch (Unkostenbeitrag 5 €, Termine unter www.urasenke-muenchen.de).

Nackte, Griechen und Chinesen

Richtung Norden geht es über die Karl-Theodor-Wiese. Die nach dem großzügigen Kurfürsten benannte Grünfläche ist bereits bei spärlichem Sonnenschein dicht an dicht von Sonnenanbetern belegt. Die Tatsache, dass sie keinen Faden am Leib tragen, scheint Teil ihrer ›Religion‹ zu sein, und allsommerlich sind die ›Nackerten‹ wieder irgend einer Zeitung eine Notiz wert.

Mehr im Sinne des Kurfürsten ist da der **Monopteros** 2, ein strahlend weißer Rundtempel mit zehn ionischen Säulen, der sich auf einem künstlichen Hügel erhebt. Eine Stele erinnert an die beiden Herrscher, denen die Stadt den Englischen Garten zu verdanken hat – Karl Theodor, dem Initiator, und Max Joseph, dem Vollender. Den kurzen Aufstieg zum Monopteros sollte man sich keinesfalls entgehen lassen, denn von dort entfaltet sich das Stadtpanorama in ungeahnter Schönheit: Aus dem frischen Grün der Büsche tauchen die Türme und Kuppeln der Stadt wie ein Traumbild auf – wenn man während eines München-Aufenthalts nur ein einziges Foto machen dürfte, dann von hier!

Von Griechenland nach China: Der **Chinesische Turm** 3, 1789 nach dem Vorbild einer fernöstlichen Pagode in den Londoner (!) Kew Gardens er-

Surfer im Eisbach

13 | Englischer Garten

baut, wirkt recht bayrisch: Breit und behäbig steht er da, im Sommer spielt im ersten Stock eine Blaskapelle auf, und der Biergarten zu seinen Füßen ist der zweitgrößte der Stadt. An schönen Tagen kommt man nur mit Glück und Beharrlichkeit zu einem Platz und zu einer Maß. Aber zünftig ist es auf jeden Fall! Die Kinder bekommen eine Limo, und wenn sie lange genug betteln, dürfen sie mit dem **Karussell** fahren. Es ist fast hundert Jahre alt und mit seinen hölzernen Tieren von so liebenswürdigem Charme, dass manche Mutter am liebsten mit aufsitzen würde.

Der See

Der **Kleinhesseloher See** macht seinem Namen alle Ehre: Groß ist er nämlich nicht, auch nicht sehr tief. Aber er hat drei Inseln und ist schiffbar – freilich nur mit Tret- oder Ruderbooten. Das aber ist eine richtige Gaudi, bei der man mit anderen ›Seeleuten‹ schnell ins Gespräch kommt. Am Nordufer steht das **Seehaus** 1, ein Edelrestaurant mit hohem Promifaktor und gehobener Speisekarte (Tel. 089 38 16 13-0, www.seehaus.de, tgl. 10–1 Uhr).

Jenseits des Isarrings geht es immer noch weiter und weiter, mit Wiesen, Bäumen und Gesträuch, verschlungenen Wegen und gemütlichen Einkehrstätten. Stundenlang kann man hier wandern und radeln, doch Vorsicht: Irgendwann will man überhaupt nicht mehr in die staubige Straßenlandschaft zurück!

Essen und Trinken

Chinesischer Turm: Englischer Garten 3, Tel. 089 383 87 30, www.chinaturm.de, tgl. 10–23 Uhr (Restaurant), 10–22 Uhr (Biergarten).
Das alte **Milchhäusl** 2 am Ende der Veterinärstraße ist ein toller Mittagspausen-Treff. Es gibt Semmeln, Burger und Bier, die man »away taken« oder im kleinen Biergarten essen kann.

Kocherlball

Die gute alte Zeit war nicht für alle gleichermaßen gut. Köchinnen, Laufburschen, Kindermädchen oder Hausknechte hatten nur am frühen Morgen manchmal Zeit für eigene Vergnügungen. Dann trafen sie sich zum Tanz am Chinesischen Turm. Daran erinnert der alljährliche Kocherlball, der um 6 Uhr morgens beginnt. Gespielt wird weder Rock noch Techno, sondern schneidige Volksmusik, dazu tanzt man unter Anleitung eines Tanzmeisters Polka, Landler, Zwiefache oder Münchner Française (Info: www.chinaturm.de).

14 | Königliche Sommerfrische – Schloss Nymphenburg

Karte: ▶ Karte 3 | **Anfahrt:** Tram 17: Schloss Nymphenburg

Was uns heute ein Ferienhäuschen im Mittelgebirge oder ein Dauerzeltplatz am Baggersee ist, war den barocken Fürsten die Sommerresidenz, in die man aus der heißen, staubigen Stadt floh.

Als Henriette Adelaide 1662 endlich den sehnlichsten Wunsch ihres Gatten erfüllte und einen Stammhalter gebar, erfüllte Kurfürst Ferdinand Maria seinerseits den Wunsch seiner Frau und ließ ihr vom italienischen Baumeister Enrico Zuccalli nordwestlich der Stadt ein Schlösschen hinstellen: **Schloss Nymphenburg** 1 .

Unter Adelaides Sohn Max Emanuel wurde daraus ein weitläufiger Palast mit großen Bogenfenstern, Seitenflügeln, einem künstlichen Wasserlauf und einem französisch-strengen Park. Hier konnte man Hof halten!

Der prächtige Mittelbau mit der doppelläufigen Freitreppe verdient wie kein anderer das Wort ›festlich‹. Über zwei Geschosse zieht sich der **Steinerne Saal,** ein Festsaal in Weiß und Rosa, Gold und Grün, mit Spiegeln und großen Fenstern und einem olympischen Götterhimmel, in dem sich Apollo, Minerva und Artemis ihren Vergnügungen hingeben.

Nicht nur diese! Rauschende Hoffeste sind aus Nymphenburg überliefert, sogar eine Art Gondel wurde herbeigeschafft und fuhr die adelige Gesell-

14 | Schloss Nymphenburg

schaft auf dem Kanal auf und ab. Ein späterer Hausherr, König Ludwig I., war den Schönheiten des Landes zugetan und wollte sie, zumindest im Bild, allzeit um sich haben. 36 schöne Münchnerinnen vereint die **Schönheitengalerie** im Schloss, darunter die züchtige Handwerkerstochter Helene Sedlmayer, die extravagante Nanette Kaula und die verruchte Tänzerin Lola Montez, die Ludwig den Thron kostete. Ob für die anderen Damen Heinrich Heines Spott galt, Ludwig gehe »in dem gemalten Serail als Kunsteunuch spazieren«, darf man getrost dahingestellt lassen.

Eine schöner als die andere – die Parkburgen

Der **Schlosspark** gehört zu den klassischen Münchner Spazierrevieren. Er ist aber auch besonders schön und abwechslungsreich, überrascht mit Seen und markanten Bäumen und birgt eine Vielzahl von kleinen Kostbarkeiten. Allen voran die vier Parkburgen. Die prominenteste und kostbarste ist die **Amalienburg** 2 (1734–1739). Kurfürst Karl Albrecht verehrte sie seiner Gattin Maria Amalia, einer passionierten Jägerin, und beauftragte für die Ausführung des Baus den bedeutendsten Rokoko-Architekten François Cuvilliés, einen unübertroffenen Meister der gebauten Illusion. Steht man im zentralen Spiegelsaal, verliert man schier das Gefühl für Innen und Außen, für die Wirklichkeit und ihr Abbild. Geht der Blick hier nach außen, durchs Fenster ins Grün des Parks, oder wirft ein Spiegel den Blick zurück? Wo hören die Wände auf, wo beginnt die Decke? Dazu lässt ein Gespinst von Stuckaturen glauben, man säße in einer Laube und blicke hinauf ins Himmesblau. Auf dem Dach befindet sich ein Ansitz: Hier saß wohl die Kurfürstin, träumte in die Natur hinein und erlegte dabei den einen oder anderen Fasan.

Die **Badenburg** 3, 1718–1721 von Joseph Effner erbaut, war etwas ganz Besonderes in einer Zeit, in der man sich lieber parfümierte als badete.

Schloss Nymphenburg, Gartenfassade

14 | Schloss Nymphenburg

Zum ersten Mal nach den Römern war hier ein heizbares Hallenbad errichtet worden, ein exquisites Vergnügen, dem sicher auch ein delikates Mahl im anschließenden Festsaal folgte. Die **Pagodenburg** 4 (1716–1719, Joseph Effner) bediente den Geschmack, den die europäischen Fürsten am Exotischen gefunden hatten. Schon von außen erinnert sie mit dem vorspringenden Gebälk ein wenig an einen fernöstlichen Pavillon, im Innern prunkt sie mit chinesischen Tapeten und Lackmalereien.

Ein anderes Sujet des Exotismus war die romantisch verfallene Ruine. Die **Magdalenenklause** 5 (1725–1728, Joseph Effner) bildete die Kulisse für den Rückzug ins Mittelalter: Rund- und Spitzbögen sowie scheinbar verfallende Mauerreste vermittelten dem Kurfürsten die Illusion eines zeitweiligen Rückzugs in die religiöse Versenkung.

Die Karossen der Könige

Bevor man Reichtum und Macht mit riesigen Straßenkreuzern und schnellen Flitzern demonstrieren konnte, unterstrich man seine Bedeutung mit über und über mit Gold und Silber, Wappen und Putten geschmückten Kutschen. Das **Marstallmuseum** 6 zeigt, wie prächtig sich die bayerischen Könige kutschieren ließen, auch der kostbare Schlitten ist zu sehen, mit dem Ludwig II. durch die Winterlandschaft brauste. Einen Stock höher kann man die Sammlung der **Nymphenburger Porzellanmanufaktur** besichtigen, zerbrechliche Schätze von großer Schönheit. Vor allem die anmutigen Figuren von Franz Anton Bustelli, die er Mitte des 18. Jh. schuf, sind sehenswert.

Im Nordflügel des Schlosses zeigt das **Museum Mensch und Natur** 7 auf unterhaltsame Weise die Geschichte der Erde und des Lebens. Schließlich wird auch der Mensch als Gestalter der Natur vorgestellt und Wissenswertes über Nerven und Gehirn oder den Verdauungsapparat vermittelt. Kleines Schmankerl: Eine Abteilung zeigt Bruno, den berühmten ›Problembären‹.

Infos

Schloss Nymphenburg, Amalienburg, Marstallmuseum und Museum Nymphenburger Porzellan: Tel. 089 17 90 80, www.schloss-nymphenburg.de, 1. April–15.Okt. tgl. 9–18, 16. Okt.– 31. März tgl. 10–16 Uhr, Gesamtkarte »Nymphenburg« für Schloss und Parkburgen 10 €.
Badenburg, Pagodenburg und Magdalenenklause: 1. April–15. Okt. tgl. 9–18 Uhr.
Schlosspark: Jan., Feb., Nov. tgl. 6.30–18, März: 6–18.30, April, Sept. 6–20.30, Mai–Aug. 6–21.30, Okt. 6–19, Dez. 6.30-17.30 Uhr.
Museum Mensch und Natur: Di, Mi–Fr 9–17, Do 9–20 Uhr, Sa, So 10–18 Uhr, 3 €.

Essen und Trinken

Im **Schlosscafé im Palmenhaus** 1 (tgl. 10–18 Uhr) kann man sich auf stilvolle Art und Weise von einem langen Parkspaziergang erholen. Wer es kulinarisch gehobener wünscht, kehrt in die **Schlosswirtschaft Schwaige** 2 ein (Tel. 089 12 02 08 90, www.schlosswirtschaft-schwaige.de, Hauptgerichte 15–20 €). Im Winter speist man unter Kronleuchtern in einer der schönen holzgetäfelten Stuben, im Sommer bei schönem Wetter im freundlichen Biergarten. Es gibt deftig-feine Brotzeiten, Flammkuchen und bayerische Klassiker wie Schweinsbraten oder gebratene Ente, alles mit Fantasie und Können zubereitet und überdies sehr reichlich.

15 | Erinnerungen an die Zukunft – der Olympiapark

Karte: ▶ Karte 4 | **Anfahrt:** U3: Olympiazentrum

Noch nach 40 Jahren spürt man hier etwas vom Geist der Moderne, vom nie Gesehenen, Außergewöhnlichen, ja, auch etwas von der Beschwingtheit, die die XX. Olympischen Spiele hatten – bis zu jenem Tag, da sie durch den terroristischen Überfall abrupt unterbrochen wurden.

Das Zeltdach des Olympiastadions ist das beherrschende Element des Olympiaparks – schon allein deswegen, weil das Stadion ausschließlich aus diesem Dach zu bestehen scheint. Die Idee zu dieser spinnweb-leichten Konstruktion stammt aus der Natur. Die zarten Membrane, die mit geringstem Materialaufwand Flächen überspannen, sich durch ihr Eigengewicht selbst stabilisieren und die Konstruktion auf ein Minimum zurückdrängen, gehen auf die Idee des Architekten Frei Otto zurück, dessen Planung den von Günter Behnisch entworfenen Sportstätten zugrunde liegt.

Eine fast 75 000 m² große, von Acrylglasplatten gebildete Dachlandschaft überspannt einen Teil des **Olympiastadions** 1, die **Olympiahalle** 2 und die **Olympia-Schwimmhalle** 3. Die Seilnetzkonstruktion ist an zwölf großen und 36 kleineren Pylonen auf-

15 | Olympiapark

> **Übrigens:** Als das Gelände für die olympischen Bauten vermessen wurde, entdeckte man eine kleine orthodoxe Kirche, aus Brettern, Trümmerteilen und Konservendosen zusammengenagelt und mit dem Silberpapier von Schokoladetafeln ausgekleidet. Hier lebten Väterchen Timofei und seine Lebensgefährtin Natascha. Keine Frage, dass der kleine Schwarzbau dem Millionenprojekt weichen musste. Doch die rührende Geschichte des frommen Russen schlug so hohe Wellen, dass die Planung tatsächlich korrigiert und das Olympiagelände weiter nach Norden verlegt wurde. Der ›Methusalem vom Oberwiesenfeld‹ lebte bis weit über seinen hundertsten Geburtstag hinaus in dem ebenfalls selbst gebauten Haus neben seiner Kirche. Als **Ost-West-Friedenskirche** 4 besteht sie nach wie vor und ist ein wunderbarer Hort der Stille.

gehängt. Tatsächlich wurde nur das Dach als Hochbauwerk errichtet, zu zwei Dritteln liegen die Bauten in der Erde. Das verleiht ihnen – bei aller Kühnheit der Konstruktion – menschliche Maße.

Aus Schutt und Scherben

Dass das Oberwiesenfeld, jene große Brache im Münchner Norden, eine solche Karriere machen würde, war nicht vorauszusehen gewesen. 1909 strömten die Münchner herbei, um der Landung eines Zeppelins beizuwohnen, bis 1938 war hier der erste bayerische Verkehrsflugplatz. Sieben Jahre später wurden die Scherben und Trümmer des zerstörten München zu einem 52 m hohen Berg aufgetürmt.

1969 begann die Wiedergeburt des Geländes. Der Schuttberg wurde begrünt, ein See entstand, Bäume wurden gepflanzt, bald entfaltete sich eine heitere, offene Landschaft, in die sich die beschwingten Bauten mühelos einfügten. Mit diesem luftigen Ensemble trug München ein Kapitel zur modernen Architekturgeschichte bei. Die Berliner Olympiade von 1936 mit ihren klotzigen, protzigen Stadionbauten gehörte endgültig der Vergangenheit an.

Ein Park der Bürger

Bereits während der Olympischen Spiele haben die Münchner und ihre Gäste aus aller Welt das Gelände mit Begeisterung in Besitz genommen, und der Enthusiasmus hält bis heute an. Nach wie vor ist Sport das Motto des Parks. Hier treffen sich Jogger, Skater, Biker und Spaziergänger, im Winter flitzen Kinder mit dem Schlitten den Berg hinunter und Unentwegte drehen auf Langlaufskiern ihre Runden. An Sylvester strömen Tausende zusammen, um vom Berg aus das Feuerwerk über der Stadt zu bewundern, und an föhnigen Tagen werden auch alte Münchner schwach, wenn sie das fantastische Alpenpanorama sehen. Ein stilles Spektakel, nicht weniger eindrucksvoll sind die Open-Air-Konzerte im **Theatron** 5 beim Olympiasee oder das legendäre Kleinkunstfestival Tollwood (s. S. 17).

Allzeit empfehlenswert ist auch eine Fahrt hinauf zur Besucherplattform des **Olympiaturms** 6. Dort oben, auf 190 m Höhe, bietet sich ein fantastischer Blick über die Stadt. Sie liegt, wie man gut erkennen kann, in der weiten Schotterebene, die von den Eiszeitgletschern plattgewalzt wurde. Im Süden steht die Alpenkette, mit etwas Glück sieht man die gesamte alpine Prominenz zwischen Allgäu und Salzkammergut. Wen die Aussicht hungrig macht, dem sei das Drehrestaurant empfohlen, das bis nachmittags kleine Speisen,

15 | Olympiapark

Aufregend ist eine Führung über das Olympiadach

Kaffee und Kuchen serviert. Die Abendkarte hat hohe Ambitionen und spart nicht mit edelsten Ingredienzien (Menü 44–125 €). Etwa 50 Minuten dauert es, bis man samt Tisch und Stuhl einmal herumgedreht wurde.

Auto-Architektur
Schon mit dem ungewöhnlichen **BMW-Hochhaus** 7, dem »Vierzylinder«, und der silbrigen »Salatschüssel« daneben setzte der Autobauer BMW 1973 einen kräftigen architektonischen Akzent neben das futuristische Zeltdach. Mit dem 2008 eröffneten neuen **Erlebnis- und Auslieferungszentrum** 8 wurde dieses Konzept fortgesetzt. Das in der »Salatschüssel« eingerichtete **Museum,** eines der meistbesuchten und technisch ehrgeizigsten Münchens, präsentiert Geschichte, Gegenwart und Zukunft der Nobelmarke.

Infos und Besichtigungstouren
Olympiaturm: tgl. 9–24 Uhr, letzte Auffahrt 23.30 Uhr, 4,50 €, Restaurant tgl. 11–17, 18.30–1 Uhr (letzter Einlass 16.30 Uhr).
Olympiastadion: tgl. 9–18 Uhr, im Sommer bis 19 bzw. 20 Uhr (außer bei Veranstaltungen), 2 €. Ein Besucherservice bietet verschiedene Touren und Rundfahrten an, darunter eine Klettertour über das Stadiondach. Infos unter www.olympiapark.de
BMW-Museum: Spiridon-Louis-Ring, Tel. 018 02 88 22, www.bmw-museum.de, Di–So 10–18 Uhr.
Die neueste Attraktion im Olympiapark ist das **Sealife** 9 (Willi-Daume-Platz 1, Tickets vorab unter 0180 566 69 01 01, www.sealife.de). Hier kann man Fische, Krebse und Seepferdchen beobachten und Rochen streicheln.

Essen und Trinken
Die **Olympia-Alm** 1 (tgl. 10–24 Uhr) auf dem Olympiaberg ist eigentlich nur eine Imbissbude, an der in den 1970er-Jahren schon die Bauarbeiter des Olympiageländes aßen. Es gibt Bier, Spareribs und Fleischpflanzerl von der ›Grillstation‹, und wer ein paar Schritte weiter geht, kann den Blick auf das Zeltdach bewundern.

Noch mehr München

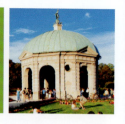

Gebäude, Plätze

Allianz Arena ▶ außerhalb
Werner-Heisenberg-Allee 25, Fröttmaning, www.allianz-arena.de, U 6: Fröttmaning, Führungen tgl. außer an Spieltagen 9.30–17.30, im Winter bis 16.30 Uhr, ab 10 €, Buchung: Tel. 018 05 55 51 01

Wie ein federleichter Schwimmreifen aus einer fremden Galaxie liegt die Allianz Arena, die Spielstätte der beiden großen Münchner Fußballvereine, im Ödland nördlich von München. Rot glühend oder blau leuchtend, wenn einer der beiden Vereine am Ball ist, weiß schimmernd, wenn das Nationalteam antritt – die Arena, deren Fassade aus 2874 rautenförmigen Luftkissen besteht, ist nicht nur betörend schön, sondern auch ein Wunderwerk der Technik. Alles ist vom Feinsten, von A wie Akustik über L wie Logenplätze – alle auf Jahre ausgebucht – bis U wie Umkleideräume der Spieler.

Asamkirche ▶ D 6
Sendlinger Str. 32, Altstadt, U 1, 2, 3, 6: Sendlinger Tor, Mo–Fr 7.30–18, Sa 8–19, So 8–15 Uhr

Wer sie nicht kennt, geht leicht an ihr vorbei, denn von der prächtigsten Rokokokirche der Stadt sieht man nur die äußerst schmale Fassade. Sie scheint aus einem unbehauenen Fels emporzuwachsen und wird von einem großen Fester beherrscht. Überwältigend ist das Innere, ein schmaler, extrem hoher Raum. Die fließende Verwandlung von Architektur in Plastik, von Figur in Malerei verwirrt die Sinne. Der doppelstöckige Hochaltar, der von gedrehten Säulen gerahmt wird, ist an Pracht kaum zu überbieten. Der untere Altar birgt in einem Glasschrein die Wachsfigur des hl. Johann Nepomuk, der der Legende nach in der Moldau ertränkt wurde, weil er sich weigerte, das Beichtgeheimnis zu verletzen. Über dem oberen Altar schwebt der von hinten geheimnisvoll beleuchtete »Gnadenstuhl«, der Gottvater, den gekreuzigten Heiland und den Heiligen Geist zeigt.

Und all die Pracht und Kunstfertigkeit nur für einen privaten Andachtsort? Die Brüder Egid Quirin und Cosmas Damian Asam, weithin berühmte Maler und Stuckateure, errichteten die Kirche ab 1733 als Hauskapelle, in dem Wunsch, ihre Kunst einmal ganz ohne die Weisung von fremden Bauherren auszuleben – und ganz nebenbei auch als Schaufenster ihres hohen Könnens.

Das Haus neben der Kirche (Haus Nr. 34) war das Wohnhaus der Brüder. Der reiche Bauschmuck huldigt der Wissenschaft und den schönen Künsten.

Bavaria und Ruhmeshalle ▶ A 7
Theresienhöhe 16, U 4, 5: Theresienwiese, April–15. Okt. tgl. 9–18 Uhr, während des Oktoberfests bis 20 Uhr, 3 €

Wenn auf der Theresienwiese der kollektive Rausch tobt, behält eine Frau

Noch mehr München

den Überblick: die 18,5 m hohe Bavaria, 1843–1850 im Auftrag von König Ludwig I. errichtet. 30 Kaiser wurden ihr geopfert, Statuen von römischen Imperatoren, die ein Vorgänger Ludwigs gesammelt hatte, dazu mehrere türkische Kanonen. Der Guss dieser damals größten Bronzestatue der Neuzeit war eine technische Meisterleistung. Ferdinand von Miller führte ihn nach dem von Ludwig Schwanthaler gefertigten Modell durch. Recht heldenhaft steht sie da, im Bärenfell, mit einem Eichenlaubkranz auf dem Kopf und einem weiteren in der erhobenen Hand, an ihrer Seite ein Löwe, sogar ein Schwert trägt sie. Doch im Kopf hat sie nicht Bayerns Ruhm, sondern zwei Sitzbänke, auf denen man sich nach dem Aufstieg (ca. 120 Stufen) erholen kann, bevor man den Blick über Sendling und die Schwanthalerhöh' genießt.

Die Kulisse für das Kolossalmonument bildet die säulenreiche **Ruhmeshalle** (1843–1853). Hier werden verdienstvolle Bayern durch Marmorbüsten geehrt, die an den pompejanisch-roten Wänden aufgestellt werden. Unter den über hundert Künstlern, Erfindern, Gelehrten, Industriellen, Militärs und Politikern befinden sich nicht mehr als vier Frauen.

Blutenburg ▶ westlich A 4
S 2: Obermenzing, Internationale Jugendbibliothek: Mo–Fr 14–18, Sa 10–13 Uhr, Schlosskapelle: Okt.–März tgl. 10–16, April–Sept. 9–17 Uhr
Das Jagdschloss mit der wehrhaften Mauer, die sich so malerisch im Wasser spiegelt, wurde Mitte des 15. Jh. errichtet, ein Vorgängerbau ist wohl noch 250 Jahre älter. Herzog Albrecht III. brachte hier seine Geliebte Agnes Bernauer unter, bevor sie auf Befehl seines Vaters, Herzog Ernst, verhaftet und als Hexe ertränkt wurde. Ein Juwel der Spätgotik ist die Schlosskapelle Zur Heiligen Dreifaltigkeit. Unter dem eleganten Netzgewölbe finden sich hervorragende Plastiken, darunter die wunderbare ›Blutenburger Madonna‹. Bekannt

Die Allianz Arena, davor das alte Fröttmaninger Kircherl

Noch mehr München

ist Schloss Blutenburg zudem als Sitz der Internationalen Jugendbibliothek, wo Kinder nach Herzenslust schmökern können. Besondere Räume sind James Krüss, Erich Kästner und Michael Ende gewidmet.

Bürgersaal ▶ C 6
Neuhauser Str. 14, Altstadt, S/U-Bahn: Karlsplatz

Obwohl die barocke Fassade der Kirche neben den Kaufhäusern in der Neuhauser Straße durchaus auffällt, wirkt die

Der Friedensengel wacht über die Stadt

Noch mehr München

Kirche eher wie ein Bürgerhaus. Der Eindruck verstärkt sich, wenn man sie betritt: Da kommt man in einen großen, aber sehr niedrigen Raum, der wie eine Krypta wirkt. Stets sitzen und knien hier andächtige Besucher, die des 1945 gestorbenen und 1987 selig gesprochenen Paters Rupert Mayer gedenken. Als ebenso frommer wie mutiger Prediger kämpfte er gegen die Nazis, die ihn 1939 ins KZ Sachsenhausen verschleppten und nach seiner Freilassung mit Hausarrest und Predigtverbot belegten. Sein Grab in der Unterkirche wird täglich von vielen Münchnern besucht. Geht man die Treppe hinauf, hat man das Gefühl, der Sonne entgegen zu gehen: Der lichte Barocksaal der Oberkirche wird von einem Marienmonogramm mit riesiger Gloriole überstrahlt.

Friedensengel ▶ G 5
Prinzregentenstraße, Bogenhausen, Bus 53
Auch auf die Gefahr hin, sich unbeliebt zu machen: Der Münchner Friedensengel (1896–1899), der an den damals 25 Jahre zurückliegenden Friedensschluss mit Frankreich erinnert, ist viel eleganter als die etwa 30 Jahre ältere Berliner ›Goldelse‹ auf der Siegessäule. Die schlanke, goldglänzende Engelsfigur mit den hochgereckten Flügeln scheint jeden Moment zum Flug über die Stadt abzuheben, den Ölzweig in der Rechten, um Frieden zu stiften. Der Sockel, auf dem sich die 23 m hohe Säule erhebt, ist mit Mosaiken geschmückt und steht schon dem Jugendstil nahe – alles Elemente, die dem aus dem Grün der Maximiliansanlagen über der Isar aufsteigenden Ensemble Leichtigkeit und Eleganz verleihen.

Herz-Jesu-Kirche ▶ westlich A 3
Lachnerstr. 8, Neuhausen, www.herz-jesu-muenchen.de, U 1: Rotkreuzplatz
Nachdem 1994 die alte, hölzerne Kirche abgebrannt war, wurde im Jahr 2000 nach nur sechs Jahren Planungs- und Bauzeit dieses spektakuläre, in der Kirchenarchitektur einzigartige Gotteshaus eingeweiht. Freilich: »So eine Schuhschachtel«, hieß es bei den Neuhausern abfällig über den gläsernen Quader, dessen gesamte Eingangsfront als zweiflügeliges Portal geöffnet werden kann. Die Flügel bestehen aus blauen Glastäfelchen, in die aus Nägeln gebildete keilschriftähnliche Zeichen eingelassen sind. Die Wände des Innenraums werden durch Ahornlamellen gebildet, zwischen ihnen und der gläsernen Außenhaut geht man einen Kreuzweg ab. Seine Stationen zeigen Fotos der Jerusalemer Via dolorosa, des tatsächlichen Leidenswegs Christi. Bei den häufig stattfindenden Konzerten beweist die Kirche, dass Transparenz und Offenheit nicht nur architektonische Statements sind.

Karlsplatz/Stachus ▶ C 6
S/U-Bahn: Karlsplatz (Stachus)
Im Jahr 1792 wurde der Platz vor dem mittelalterlichen Karlstor angelegt und nach dem herrschenden Kurfürsten Karl Theodor benannt. Aber wirklich durchsetzen konnte sich der Name nicht, die Erinnerung an einen gewissen Eustachius Föderl, der an dieser Stelle ein Wirtshaus »Stachusgarten« betrieb, war einfach stärker. Vom Tor greifen zwei Rondellbauten aus und bilden eine kleine geschützte Zone auf diesem vom Verkehr durchbrausten Platz. Die Brunnenanlage wird an heißen Tagen zu einem viel besuchten Wasserspielplatz. Der prunkvolle **Justizpalast** mit der großen Kuppel in Renaissance- und Barockformen ist ein großartiges Beispiel der Gründerzeitarchitektur. Daneben führt ein klassizistisches Tor in den **Alten Botanischen Garten,** ein

Noch mehr München

überraschender Ruhepunkt mitten im quirligsten Großstadtverkehr.

Klosterkirche St. Anna
▶ F 5–6
St.-Anna-Platz 21, Lehel, U 4, 5: Lehel
In dieser anmutigen Rokokokirche beteten einst die Mönche des Hieronymiterordens. Dass sie sich ihre Kirche (1727–1733) von dem berühmten Baumeister Johann Michael Fischer bauen und durch die Asam-Brüder und Johann Baptist Straub ausstatten lassen konnten, ist der Geburt des Kurprinzen Max Joseph zu verdanken. Die glückliche Mutter Maria Amalia, die für diesen Fall ein Gotteshaus gelobt hatte, legte selbst den Grundstein. An dieser Kirche ist alles zierlich und verspielt: Die geschwungene Fassade, der ovale Hauptraum, die vielen Engel und Putten, sogar das Stifterwappen über dem Triumphbogen. Die ganze Herrlichkeit ist leider nur mehr Rekonstruktion und Nachempfindung: Durch einen Luftangriff 1944 war das Gotteshaus fast vollkommen zerstört worden.

Kriechbaumhof und Üblacker Häusl ▶ H 7
Preysingstr. 71/58, Haidhausen, U 4, 5: Max-Weber-Platz
Das große Holzhaus mit dem Walmdach ist ein letztes Zeugnis der bitteren Wohnungsnot, die im 19. Jh. in den östlichen Vorstädten Au und Haidhausen herrschte. Tausende strömten damals aus Niederbayern oder der Oberpfalz auf der Suche nach Arbeit in die aufstrebende Großstadt. Wohnraum fanden sie in den »Herbergssiedlungen«, die in aufgelassenen Kies- oder Lehmgruben hochgezogen wurden. In diesen mit Schindeln gedeckten Holzbauten wurden viele kleine »Herbergen«, niedrige Stuben mit winzigen Küchen, abgeteilt, in denen dann jeweils eine ganze Familie lebte. Oft trieben die Häuser seltsame Auswüchse, wenn noch eine weitere Stube irgendwo angebaut werden musste, außerdem gab es viele Treppenaufgänge, denn jede Herberge hatte einen eigenen Zugang. Die allermeisten Herbergshäuser existieren nicht mehr, nur der Kriechbaumhof wurde restauriert, an die heutige Stelle versetzt und ist heute Treffpunkt der Alpenvereinsjugend. Das kleine, krumme **Üblacker Häusl** gegenüber ist als Herbergenmuseum mit zeitgenössischer Möblierung ausgestattet (Mi, Do 17–19, Fr, Sa 10–12 Uhr).

Lenbachplatz ▶ C 5
Altstadt, S/U-Bahn: Karlsplatz
Am Lenbachplatz feierte sich das wohlhabende und kunstinteressierte Bürgertum an der Wende zum 20. Jh. selbst: Wohin man auch blickt: Lauter vornehme Prachtbauten. Die **Bayerische Börse** prunkt mit Säulen, schwerem Quaderwerk und allegorischen Plastiken, die Industrie, Gewerbe, Landwirtschaft und Verkehr symbolisieren, das **Palais Bernheimer** setzt mit seiner säulengeschmückten Fassade und dem kecken Türmchen noch eins drauf. Gegenüber steht das mit den geschweiften Giebeln und dem großen Dachaufsatz ausgesprochen malerische **Künstlerhaus**, das als gesellschaftliches Zentrum für die in München reichlich blühenden Künstlervereinigungen errichtet wurde. In diesen Vereinigungen konnten interessierte – und kaufkräftige – Bürger Kontakte zu Künstlern und Kunststudenten knüpfen, die regelmäßigen Künstlerfeste waren Glanzpunkte im Münchner Festkalender. Am breiten Ende des unregelmäßig geformten Platzes steht der nach Meinung vieler Münchner schönste Brunnen der Stadt: Der **Wittelsbacher Brunnen** wurde 1895 von Adolf von Hildebrand ge-

Noch mehr München

schaffen, Anlass war die Fertigstellung der Wasserleitung aus dem Mangfallgebirge in die Stadt, die München seither mit frischem, klarem und überdies wohlschmeckendem Wasser versorgt. Er ist einer römischen Brunnenanlage nachempfunden, die Frau auf dem Stier und der Steineschleuderer stehen für die gleichermaßen segensspendende wie zerstörerische Kraft des Wassers. Das strahlende Weiß des Brunnens hebt sich vor dem grünen Hintergrund des baumbestandenen Maximiliansplatzes ab.

Michaelskirche ▶ D 6
Neuhauser Str. 6, Altstadt, www.st-michael-muenchen.de, S/U-Bahn: Karlsplatz,, Mo–Sa 10–19, Do 10–20.45, So 6.50–22.15 Uhr

Als die Reformation das erzkatholische Bayern bedrohte, beschloss Herzog Wilhelm der Fromme, dass etwas geschehen müsse. Er holte die Jesuiten ins Land und ließ für sie ein Kloster sowie die größte Renaissancekirche nördlich der Alpen errichten (1583–1597). Sie wurde zum Zentrum der Gegenreformation. In einer vergoldeten Nische der prächtigen dreigeschossigen Fassade mit dem hohen Giebel steht der Erzengel Michael, der Kämpfer wider die Feinde des rechten, sprich: katholischen Glaubens. Ganz oben thront Christus als Weltenretter, in den Nischen dazwischen all jene europäischen Fürsten, die sich um den Schutz des Glaubens verdient gemacht hatten. Unter ihren Schutz begaben sich auch die Wittelsbacher, die unter dem Chor eine ihrer Grablegen einrichteten, u.a. ist König Ludwig II. hier bestattet.

Das Innere der Kirche ist überwältigend: Es wird von einem gewaltigen freitragenden Tonnengewölbe überspannt, dem zweitgrößten nach dem Petersdom in Rom. Der strahlend weiße Stuck setzt die Kostbarkeit der Altäre und Kapellen besonders wirkungsvoll in Szene.

Michaelskirche in Berg am Laim ▶ östlich H 8
Johann-Michael-Fischer-Platz 2, www.st-michael-bal.de, U 2: Josephsburg, U 5: Michaelibad

Dass das Stadtviertel Berg am Laim im Osten der Stadt eine Arme-Leute-Gegend war, kann man heute noch erahnen, bedeutet ›Laim‹ doch ›Lehm‹ und bezieht sich auf die Tongruben, in denen einst die Ziegelschlager ihren kärglichen Lohn verdienten. Wie aber kommt das erst 1913 eingemeindete Dorf zu so einer prächtigen Barockkirche? Das verdankt es dem Erzbischof und Kurfürst von Köln, Clemens August, einem Bruder des bayerischen Kurfürsten Karl Albrecht. Um seinem Bruder zu imponieren, stiftete Clemens August seiner Hofmark Josephsburg, zu der das Dörflein gehörte, im Jahr 1738 eine neue Kirche – und ließ sich dabei nicht lumpen. Er engagierte den berühmten Baumeister Johann Michael Fischer, die Bildhauer Johann Baptist Straub und Ignaz Günther leisteten bedeutende Beiträge zur Ausstattung, und nach etwa 20 Jahren Bauzeit war ein Juwel barocker Baukunst entstanden. Freilich: Die monumentale Fassade mit der Michaelsfigur wendet sich nur einer kleinen umzäunten Wiese zu, denn die geplante Straßenachse, die sie zur Wirkung bringen sollte, wurde nie realisiert.

Schleißheimer Schlösser
▶ außerhalb
Max-Emanuel-Platz 1, 85764 Oberschleißheim, www.schloesser-schleissheim.de, S 1: Oberschleißheim, April–Sept. Di–So 9–18, Okt.–März Di–So 10–16 Uhr, 4 €, Gesamtkarte 6 €

79

Noch mehr München

Der bayerische Kurfürst Max Emanuel (1679–1726) war ehrgeizig. Er hatte die Türken geschlagen, die Tochter des Habsburgerkaisers geheiratet, wusste Hof zu halten, und nun, im Jahr 1701, ließ er sich auch noch ein wahrhaft imperiales Schloss errichten. 300 m lang ist die Fassade des **Neuen Schlosses,** das Enrico Zuccalli für ihn entwarf, Fenster reiht sich an Fenster. Im Inneren ein Ehrfurcht heischendes Treppenhaus, der über zwei Geschosse reichende Große Saal mit einem gewaltigen Deckengemälde und die Große Galerie mit einer barocken Gemäldesammlung, von der aus der Blick hinaus in den formal angelegten Barockpark schweift. Dort, am Ende der Anlage, steht das hübsche, viel kleinere **Schloss Lustheim,** ebenfalls mit großem Festsaal und einem kleinen Gemach unter dem Dach mit weitem Ausblick über die Jagdreviere der Umgebung. Im **Alten Schloss,** das Max Emanuels Großvater Maximilian I. hatte erbauen lassen, wird ein Teil der Sammlung des Nationalmuseums gezeigt (christliche Kultobjekte und Ausstellung ›Ostpreußen–Westpreußen‹).

Tierpark Hellabrunn
▶ südlich B 10
Tierparkstr. 30, www.tierpark-hellabrunn.de, U 3: Thalkirchen, Bus 52: Tierpark (Alemannenstraße), April–Sept. 8–18, Okt–März 9–17 Uhr, 9 €
Der Münchner Tierpark, landschaftlich einzigartig schön in den Isarauen gelegen, versteht sich als ›Geo-Zoo‹, das heißt, die Tiere sind entsprechend ihrer geographischen Verbreitung nach Kontinenten in Gemeinschaftsgehegen angesiedelt. Die Lebensräume sind großzügig und naturnah gestaltet, die Tiere werden mit viel Fantasie auf Trab gehalten und für große wie kleine Besucher gibt es eine Menge zu schauen, zu streicheln und sogar zu füttern.

Museen

Bayerisches Nationalmuseum
▶ F 5
Prinzregentenstr. 3, Lehel, www.bayerisches-nationalmuseum.de, U 4, 5: Lehel, Bus 100, Tram 17, Di–So 10–17, Do bis 20 Uhr, 7 €
Der markante Bau, der vielfältige architektonische Formen in sich vereint, hütet alles, was Bayern an Kunstschaffen hervorbrachte. Von der Spätantike bis zum Jugendstil, von Goldschmiedearbeiten zu Wandteppichen, von Bauernzu Puppenstuben – die Vielfalt dieser Schatzkammer kennt kaum Grenzen. Die meist besuchte Abteilung, vor allem in der Vorweihnachtszeit, ist die sensationelle Krippensammlung, die künstlerisch wertvollste und umfangreichste der Welt. Sie zeigt vor allem Krippen aus Bayern und dem Alpenraum sowie aus Italien, detailreiche, vielfigurige Szenerien, vor denen man lange staunend steht.

Deutsches Jagd- und Fischereimuseum ▶ D 6
Neuhauser Str. 2, Altstadt, www.jagd-fischerei-museum.de, S/U-Bahn: Karlsplatz, tgl. 9.30–17, Do bis 21 Uhr. 3,50 €
Eine Wildsau sitzt mitten im Passantenstrom der Fußgängerzone, hinter ihr ein hoch aufragendes gotischen Kirchengebäude. In der ehemaligen Augustinerkirche, die bereits 1803 aufgehoben wurde, werden Zeugnisse der Jagdkultur von der Steinzeit bis heute gezeigt, und auch wer sich für Fischfang interessiert, wird hier umfassend informiert.

Deutsches Museum, Flugwerft Schleißheim ▶ Karte 5
Effnerstr. 18, 85764 Oberschleißheim, www.deutsches-museum.de, S 1: Oberschleißheim, tgl. 9–17 Uhr, 6 €

Noch mehr München

Besichtigungstouren

Brauereiführungen
Wenn Sie wissen möchten, wie das berühmte Münchner Bier gebraut wird, empfiehlt sich eine Brauereibesichtigung. Die Besichtigungstouren umfassen in der Regel eine Brauereibesichtigung mit Film und eine anschließende Verkostungsmöglichkeit.
Löwenbräu AG: Nymphenburger Str. 7, Neuhausen, www.loewenbraeu.de, Führungen für Einzelpersonen samstags und jeden ersten Freitag im Monat, nur nach schriftlicher Voranmeldung: Besucherzentrum.muenchen@inbev.com, Info unter Tel. 089 52 00-22 45, ab 9,50 €.
Paulaner Brauerei: Falkenstr. 11, Au (Nockherberg), www.paulaner.de, Mo–Fr 12.30–15.30 Uhr, nur nach telefonischer Anmeldung (Tel. 089 480 05-871, Mo–Do 8–16, Fr 8–14 Uhr), Einzelpersonen können sich Gruppen anschließen, 8 €.

Bavaria FilmStadt
Bavariafilmplatz 7, Grünwald, Tel. 089 64 99 20 00, www.filmstadt.de, Tram 25: Bavariafilmplatz, Führungen Ende März–Anfang Nov. 9–16, Nov.–Anfang März 10–15 Uhr, 11 € / 21 € (Führung, Stunt Show, 4D-Kino). Viele kurzweilige Informationen darüber, wie Filme entstehen, welche Tricks eingesetzt werden, dazu die Originalkulissen von »Marienhof«, »Traumschiff Surprise«, »Asterix und Obelix«, Stunt Shows und vieles mehr.

Auf dem ehemaligen Flugplatz Oberschleißheim zeigt das Deutsche Museum einen großen Teil seiner Luftfahrtsammlung. Besucher können die Geschichte der Luftfahrt von den ersten Ballonen und Hängegleitern bis zu modernen Hubschraubern, Senkrechtstartern und zur Rakete Ariane verfolgen.

Deutsches Museum, Verkehrszentrum ▶ A 7
Theresienhöhe 14a, www.deutsches-museum.de, U 4,5: Schwanthalerhöhe, Bus 134, tgl. 9–17 Uhr, 6 €
Mobilität ist alles, ob per Kutsche oder Dampflok, Porsche oder ICE, Fahrrad oder Inline-Skate. Diese Dependance des Deutschen Museums in den historischen Ausstellungshallen des alten Messegeländes beleuchtet alle Aspekte der Bewegung. ›Mobilität und Technik‹, ›Stadtverkehr‹ und ›Reisen‹ heißen die Themen, die in den drei Hallen ausführlich dargestellt werden.

Haus der Kunst ▶ F 5
Prinzregentenstr. 1, Lehel, www.hausderkunst.de, U 3, 4, 5, 6: Odeonsplatz, Museumsbus 100, tgl. 10–20, Do bis 22 Uhr, ca. 5–9 €
Als einer der ersten Monumentalbauten des »Dritten Reichs« entstand ab 1933 am Südrand des Englischen Gartens das »Haus der deutschen Kunst«. Der Architekt P. L. Troost griff die Formensprache des Klassizismus auf, schuf aber keinen eleganten Tempel, sondern ein recht brachial anmutendes Gebäude mit einer langen, öden Säulenreihe. Nach der Fertigstellung 1937 wurden hier die »Großen Deutschen Kunstausstellungen« mit Blut-und-Boden-Malerei und pompösem Heldenkitsch gezeigt, während die großen Werke des

Noch mehr München

deutschen Expressionismus im nahen Galeriegebäude am Hofgarten als »entartete Kunst« geschmäht, ihre Schöpfer vertrieben oder mundtot gemacht wurden. 1949 wurden die Werke des Blauen Reiters erstmals wieder im nun so genannten Haus der Kunst gezeigt – eine Art Entnazifizierung des Baus. Heute ist er Schauplatz regelmäßiger Ausstellungen zeitgenössischer Künstler, u.a. der alljährlichen **Großen Kunstausstellung** (Mai/Juni, www.grossekunstausstellungmuenchen.de).

Lenbachhaus – Städtische Galerie und Kunstbau
▶ C 4
Luisenstr. 33, Maxvorstadt, www.lenbachhaus.de, U 2: Königsplatz, bis 2012 wegen Sanierung geschlossen, Kunstbau: Di–So 10–18 Uhr, 8 €
Dass München seit dem 19. Jh. als ›Kunststadt‹ gilt, ist nicht zuletzt Franz von Lenbach (1836–1904) zu verdanken. Seine einfühlsamen, malerisch ausgezeichneten Porträts und seine guten Beziehungen zur gehobenen Gesellschaft sicherten ihm bedeutende Aufträge. Bald zählte er selbst zu den bekanntesten Persönlichkeiten Deutschlands und konnte sich einen aufwändigen Lebensstil leisten. »Malerfürst« nannte man ihn, durchaus ohne Ironie. Ab 1887 ließ er sich in der Maxvorstadt eine schöne Villa im toskanischen Stil bauen, ein charmantes Gegenstück zu den Gründerzeit-Anwesen, die zur selben Zeit im Viertel entstanden. Die heute hier eingerichtete Städtische Galerie Lenbachhaus verdankt ihre Bedeutung der einzigartigen Sammlung von Werken der Künstler des »Blauen Reiter« und dessen Umkreis: Wassili Kandinsky – er malte das erste abstrakte Bild der Kunstgeschichte –, Franz Marc, Alexej Jawlensky, August Macke, Gabriele

Ein Stück Toskana in der Maxvorstadt: das Lenbachhaus

Noch mehr München

Münter, Paul Klee und andere, Münchens Beitrag zur Klassischen Moderne. Weitere Sammlungsschwerpunkte sind Münchner Malerei des 19. Jh. mit Werken von Friedrich August von Kaulbach, Wilhelm Leibl, Lovis Corinth oder Max Slevogt sowie Werke der Neuen Sachlichkeit (Rudolf Schlichter, Georg Schrimpf).

Während der Restaurierung der Wohn- und Atelierräume Lenbachs werden einige Bilder in wechselnden Ausstellungen im **Kunstbau** gezeigt, einer 1994 eröffneten Ausstellungshalle, die in einem beim U-Bahn-Bau entstandenen Leerraum eingerichtet wurde. Auf dem Museumsplatz werden jährlich wechselnde Projekte mit zeitgenössischen Künstlern realisiert.

> **Öffnungszeiten und Preisermäßigung:** Außer an einem wöchentlichen Ruhetag (meist Montag) haben die städtischen Museen an folgenden Tagen geschlossen: Faschingsdienstag, 1. Mai, Heiligabend (24.12.), 1. Weihnachtstag (25.12.), Silvester (31.12.). Die meisten Museen erheben am Sonntag einen **verbilligten Eintrittspreis** von nur 1 €.

Sammlung Schack ▶ G 5
Prinzregentenstr. 9, Lehel, www.sammlungschack.de, Mi–So 10–18 Uhr, U 4, 5: Lehel, Tram 17, Bus Museumslinie 100: Reitmorstraße, 4 €
Adolf Friedrich Graf von Schack (1815–1894), einerseits Jurist, andererseits Feingeist, Literat und Kunstsammler, gehörte zu dem Kreis von Künstlern und Gelehrten, die König Maximilian II. aus ganz Deutschland nach München berief. Schack unterstützte junge deutsche Künstler wie Moritz von Schwind, Arnold Böcklin, Anselm Feuerbach und Hans von Marées, die romantische Landschaftsansichten oder Szenen aus einem verklärten Mittelalter schufen. Seine Sammlung vermachte er dem preußischen Staat, dessen Bürger er zeitlebens war. Kaiser Wilhelm II. jedoch verfügte, dass sie in München verbleiben sollte, und zwar im Haus der preußischen Gesandtschaft – das waren noch Zeiten!

Die Sammlung Schack ist ein Schatzhaus des deutschen Traums von Romantik und blauer Blume, von träumenden Hirtenknaben, zärtlichen Liebespaaren und Mußestunden in exotischem Ambiente. Poetische Texte an den in ausgesuchten Farben gehaltenen Wänden tun ein Übriges, den Besucher in eine andere Welt zu locken.

Valentin-Karlstadt-Musäum ▶ E 6–7
Im Isartor, Tal 50, Altstadt, www.valentin-musaeum.de, S-Bahn: Isartor, Tram 17, Mo–Di, Do–Sa 11.01–17.59, So 10.01–17.59 Uhr, 2,99 €
Der lange, dürre Karl Valentin (1882–1948) war einer der skurrilsten Münchner Volkssänger, seine Monologe, Sketche und Lieder sind Nonsensliteratur auf höchster Ebene. Mit seiner ebenso genialen, wenn auch eher zurückhaltenden Partnerin Liesl Karlstadt (1892–1960) feierte er bis in die Kriegsjahre hinein Triumphe und gewann auch später immer wieder neue Generationen von Anhängern. Die Ausstellung im Isartor versucht, das Denken des außergewöhnlichen Komikers plastisch werden zu lassen. Dem erstaunten Besucher werden u.a. präsentiert: der Nagel, an den Karl Valentin seinen Schreinerberuf hängte, der Vesuv, der nicht raucht, weil er weiß, dass Rauchen im Musäum nicht gestattet ist, der Stein, auf dem Mariechen weinend im Garten saß und eine Phiole mit »hierzulande

Noch mehr München

sehr seltenem Beamtenschweiß«. Auch anderer Münchner Volkssänger wird im »Musäum« gedacht, im Turmstüberl schließlich kann man sich die Lachtränen aus den Augen wischen und sich stärken.

Das Isartor selbst war Teil des zweiten Mauerrings (15. Jh.), ist in seiner jetzigen Gestalt allerdings im Wesentlichen eine Rekonstruktion, die König Ludwig I. auf eigene Kosten 1833–1835 durchführen ließ. An der Stirnwand zeigt ein Fresko den »Einzug Kaiser Ludwigs des Bayern nach der Schlacht bei Ampfing 1322«. Der Sieg über die Habsburger sicherte den Wittelsbachern damals die Kaiserkrone.

Villa Stuck ▶ G 5
Prinzregentenstr. 60, Bogenhausen, www.villastuck.de, U 4: Prinzregentenplatz, Tram 18, Bus 53, Di–So 11–18 Uhr, 9 €

Ein Schuss Theatralik war charakteristisch für den zweiten Münchner ›Malerfürsten‹, Franz von Stuck (1863–1928). Als er 1897–1898 diese blockhafte, eigenwillige Künstlervilla entwerfen und bauen ließ, schuf er sich damit eine Bühne, auf der er sein Leben inszenierte. Ein Gesamtkunstwerk im Stil der Münchner Secession, einer Variante des Jugendstil, mit selbst entworfenen Möbeln, Wanddekorationen, luxuriösen Materialien und Stoffen, mit Versatzstücken aus Antike und Byzanz, Orient und Hochrenaissance, getränkt mit Sinnlichkeit. 1913 wurde der angrenzende Atelierbau vollendet. Beim Besuch des Museums kommt man dem Künstler ganz nah, streift durch sein Wohnzimmer, kann seine Bibliothek mustern und vor allem eine Auswahl aus seinem Werk betrachten. Sein Gemälde »Die Sünde« hat bis heute nichts von ihrer erotischen Ausstrahlung verloren. Die Sammlung seiner Werke wird ergänzt durch Ausstellungen zu Themen aus dem historischen und künstlerischen Kontext Franz von Stucks und der bildenden Kunst aus der Zeit um 1900.

Parks und Gärten

Botanischer Garten
▶ Karte 3
Menzinger Str. 65 (Zugang auch durch Nymphenburger Schlosspark), Nymphenburg, www.botmuc.de, Tram 17, Bus 143: Botanischer Garten, tgl. ab 9 Uhr, Nov., Dez., Jan. bis 16.30, Feb., März, Okt. bis 17, April, Sept. bis 18, Mai–Aug. bis 19 Uhr, 4 €

Auf dem 22 ha großen Areal nördlich des Nymphenburger Parks entstand kurz vor dem Ersten Weltkrieg einer der schönsten und reichhaltigsten Botanischen Gärten Europas. Er hütet etwa 14 000 Pflanzenarten aus allen Teilen der Welt und präsentiert sie nach Regionen – Moor- und Heidegärten, Alpinum, Rhododendrenhain sowie Gewächshäuser für Pflanzen, die trockenheißes Wüstenklima oder tropische Schwüle benötigen. Die systematische Abteilung gibt Einblicke in verwandtschaftliche Beziehungen von Pflanzen und ihre unterschiedlichen ökologischen Ansprüche und im farbenfrohen Schmuckhof kann man sich Anergungen für die Gestaltung des eigenen Gartens holen.

Hofgarten ▶ E 5
Altstadt, U 3, 4, 5, 6: Odeonsplatz

Im Jahr 1617 konnte die Hofgesellschaft zum ersten Mal durch den hübschen Renaissancepark nördlich der Residenz promenieren, der mit seinen bunten Blumenrabatten und dem unvergleichlichen Blick auf die Türme der Theatinerkirche noch heute so anziehend und unwiderstehlich wirkt. Im

Noch mehr München

Der Dianatempel im Hofgarten

Zentrum stand schon damals der zwölfeckige Dianatempel (eigentlich Hofgartentempel), der von der graziösen, spärlich bekleideten *Tellus Bavarica* (»Bayerische Erde«) bekrönt wird. Das Fass, auf das sie den linken Fuß stützt, ist übrigens kein Bier-, sondern ein Salzfass. Das strenge Hofgartentor wurde 1816 im Zuge der Planung der Ludwigstraße von Leo Klenze errichtet, es fügt sich gut zu den Hofgartenarkaden, die den Park nach Westen und Norden abschließen und u.a. das Theatermuseum beherbergen. Die Ostseite dominiert der 200 m lange, viele Jahre umstrittene Monumentalbau der Bayerischen Staatskanzlei (1993). In ihn wurde auch der überkuppelte Mittelbau des einstigen Armeemuseums einbezogen. Am Endpunkt des Arkadengangs an der Nordseite erinnert ein Denkmal (»Zum Erinnern zum Gedenken«) an die Münchner Widerstandskämpfer.

Westpark ▶ westlich A 9
Sendling, U 6: Westpark

Nachdem die Internationale Gartenbauausstellung 1983 ihre Tore geschlossen hatte, konnten sich die Münchner über einen neuen, 60 ha großen Park freuen. Er erinnert mit seinen sanften Hügeln und den beiden Seen an die Voralpenlandschaft, die, glaubt man der Geografie des Parks, erstaunlich nah bei Asien liegt. Plötzlich steht man nämlich im China- oder im Japangarten, bestaunt eine nepalesische Pagode oder die Thai Skala. Auf der Seebühne findet jeden Sommer das Open-Air-Kinofestival »Sonne, Mond und Sterne« statt. Zwei Biergärten locken im Sommer zur Rast.

Ausflüge

Isarwanderung zum Kloster Schäftlarn

Immer die Isar aufwärts – das ist eine schöne Wanderung für jede Jahreszeit, und den Weg kann man praktisch nicht verfehlen. Vom **Tierpark Hellabrunn** geht es auf bequemen, schattigen Wegen bis zur **Großhesseloher Brücke,** einer Eisenbahnbrücke, die die Isar in eindrucksvollen 42 m Höhe quert. Über Höllriegelskreuth und Baierbrunn erreicht man **Kloster Schäftlarn.** Es wurde 762 gegründet und ist seit 1866 in der Hut der Benediktiner. Der schlichten Fassade der **Klosterkirche** sieht man nicht an, welches Meisterwerk des Rokoko sich hinter ihr auftut: eine harmonische Abfolge von Raumteilen mit geradezu transparent erscheinenden Deckenfresken, anmutigen Figuren und kunstvollen Altären.

Infos
Gehzeit: Ab Tierpark Hellabrunn (s. S. 80) ca. 4 Std. Gehzeit. S-Bahnhöfe (S 7) in Großhesselohe, Höllriegelskreuth, Baierbrunn, Hohenschäftlarn.

Essen und Trinken
Waldwirtschaft Großhesselohe: Georg-Kalb-Straße 3, tgl. 11–23 Uhr, bei gutem Wetter tgl. Livemusik, **Klosterbräu Schäftlarn:** tgl. 9–23 Uhr, Gartenschänke nur am Wochenende geöffnet, an den anderen Tagen kann man sich das Bier im Innern holen.

Starnberger See

Der Starnberger See ist eines der beliebtesten Ausflugsziele Münchens. Baden, Wandern, Einkehren, Bootfahren, Segeln, Besichtigen – alles ist möglich, und das in einer ausgesprochen lieblichen Landschaft. Kein Wunder, dass sich hier die reichsten Deutschen angesiedelt haben. Ein Bummel durch die Maximilianstraße in **Starnberg** gibt einen Eindruck von der Finanzkraft, die hier ansässig ist. Nur die Pfarrkirche St. Josef hat ihre würdevolle Schlichtheit bewahrt. Prominenz fühlte sich am See immer schon zuhause: In **Possenhofen** etwa verbrachte ›Sisi‹ unbeschwerte Sommerwochen.

Auch in **Feldafing** zeigt eine Villenkolonie aus dem 19. Jh., was man damals für Geld bauen konnte – von stilvollen Häusern des Jugendstilkünstlers Richard Riemerschmid bis zu verschnörkelten Zwittern aus Burg und Bauernhaus wie die Villa Waldberta, das Internationale Künstlerhaus der Stadt München. Die **Roseninsel** wurde vom Potsdamer Gartendirektor Peter Joseph Lenné gestaltet. Im Frühsommer liegt über der Insel der Duft von Tausenden von Rosen. Auch **Tutzing** eignet sich als Ort der Muße und der langen Spaziergänge. Keinesfalls darf man sich die kleine Wanderung auf die **Ilka-Höhe** entgehen lassen, von dort hat man einen unvergleichlichen Rundblick über die Seenlandschaft auf die bayerischen Alpen. Anhänger des ›Kini‹ machen na-

Ausflüge

Idylle in Großstadtnähe: der Starnberger See

türlich eine Wallfahrt nach **Berg** am nordöstlichen Seeufer und bleiben gedankenvoll vor dem Gedenkkreuz im See stehen: Hier ertrank König Ludwig II. am 12. Juni 1886. Die Umstände sind bis heute ungeklärt und geben unverändert Anlass zu Spekulationen.

Infos
Anfahrt: 25 km südwestlich von München. S 6: Starnberg, Possenhofen oder Tutzing. **Mit dem Auto:** Über A 95 und A 952.

Kloster Andechs

Der Heilige Berg ist nur 177 m hoch, aber im flachwelligen Hügelland des Fünf-Seen-Landes ist der Zwiebelturm der Klosterkirche weithin zu sehen. Sie ist ein Meisterwerk des Barock, an deren Vollendung berühmte Künstler ihrer Zeit, allen voran Johann Baptist Zimmermann mitgewirkt haben. Wahrscheinlich haben auch sie von dem weithin gerühmten Andechser Klosterbier gekostet, dem wahren Grund, warum der Berg so viele Pilger anzieht. Sie machen es sich nach dem Besuch der Kirche im Klostergasthof, im Bräustüberl oder im großen Biergarten bequem und lassen sich Schmankerl aus der Klostermetzgerei und das süffige Bier schmecken – der Weg den steilen Klosterberg hinunter kann dann freilich lang werden.

Infos
Klosterbrauerei Andechs, Bergstr. 2, 82346 Andechs, www.andechs.de, ca. 40 km südwestl. von München.
Mit dem Auto: A 95 und A 952 bis Starnberg, die Hauptstraße bis zur Söckinger Straße (rechts abbiegen und den Berg hinauf), dann immer der Straße nach bis Andechs. Dort der Beschilderung zum Kloster folgen.
Öffnungszeiten: Kirche tgl. geöffnet, keine Besichtigung während des Gottesdienstes; öffentliche Führungen 15. April–15. Okt. Mo–Sa 12, So 12.15 Uhr, Treffpunkt in der Kirche. Biergarten, Bräustüberl tgl. 10–20 Uhr.

Zu Gast in München

Der Biergarten am Chinesischen Turm bietet die angenehmste Art, einen Sommerabend zu verbringen. Man holt sich seine Maß, packt den Brotzeitkorb aus und schon kommt man mit den Nachbarn ins Gespräch, ganz egal, ob sie aus Giesing, Hamburg oder Yokohama stammen.

Übernachten

Hotels und Pensionen

An Unterkunftsmöglichkeiten aller Preiskategorien herrscht in München kein Mangel: Über 50 000 Betten, vom Jugendherbergs-Etagenbett bis zum Kingsize-Luxusbett, von der Standardliege im Kettenhotel bis zum Kuschelbett im Familienhotel stehen Besuchern zur Verfügung. Dennoch werden Zimmer knapp, wenn Messen, Festspiele, lange Wochenenden oder gar Großereignisse wie das Oktoberfest anstehen. Und da München eine dynamische Stadt ist, steht praktisch immer irgend etwas an. Daher ist eine frühzeitige Reservierung unabdingbar, wenn man in der bevorzugten Kategorie und Lage unterkommen möchte.

Als Ausweg bietet sich an, ein Hotelzimmer außerhalb zu suchen. Sofern man innerhalb des (sehr großen) Bereichs bleibt, der per S-Bahn erreichbar ist, kann das eine praktikable Alternative sein.

Bed and Breakfast

Über günstige Privatzimmer kann man sich auf der Internetseite www.bed-and-breakfast.de informieren. In der Kategorie »einfach« gibt es bereits Doppelzimmer für 45 € pro Nacht, man kann aber auch eine ganze Villa für acht Personen buchen (450 €).

Preise

München ist ein teures Pflaster, das schlägt sich auch in den Übernachtungspreisen nieder. Die meisten Hotels haben außer ihren regulären Preisen »Messepreise«, die auch während des Oktoberfests oder anderer besonderer Ereignisse gelten und um etwa ein Drittel höher liegen. Wenn man flexibel ist, kann man außerhalb dieser Zeiten durchaus einigermaßen günstig und nett unterkommen.

Auskunft und Reservierung

Information zu allen Hotels sowie Zimmervermittlung in alle Kategorien bietet das Tourismusamt München, Gäste- und Hotelservice, 80313 München, Tel. 089 23 39 65 50, Fax 089 23 33 00 30, tourismus@muenchen.de, Mo–Fr 8–19, Sa 9–17 Uhr oder persönlich in den Touristeninformationen im Rathaus und am Hauptbahnhof.

Pauschalangebote

Das Tourismusamt bietet auch Drei-Tages-Pauschalen an, die jeweils zwei Übernachtungen, freie Fahrt mit den öffentlichen Verkehrsmitteln im Innenraum (s. S. 23) sowie bestimmte Zusatzleistungen bieten, z. B. eine Stadtrundfahrt oder freien Eintritt in die Residenz und Schloss Nymphenburg. Beratung und Buchung unter Tel. 089 233 96 500, Fax 089 233 300 30, www.muenchen.de/pauschalen, ab 100 € pro Person im DZ. Es gibt auch Familienpauschalen mit Übernachtung im Dreibettzimmer und kinderfreundlichen Angeboten.

Übernachten

Günstig und nett

Solide – **Am Siegestor:** ■ **E 3,** Akademiestr. 5, Schwabing, Tel. 089 39 95 50, Fax 089 34 30 50, www.siegestor.com, U 3, 6: Universität, DZ ab 65 €. In diesem alten Hotel gegenüber der Kunstakademie spürt man noch etwas vom alten Schwabing – der Lift jedenfalls ist einer der ältesten der Stadt. Die 20 Zimmer sind im nüchternen 70er-Jahre-Stil eingerichtet, nicht alle mit Dusche und WC.

Zentral – **Am Viktualienmarkt:** ■ **Karte 2, D 7,** Utzschneiderstr. 14, Isarvorstadt, Tel. 089 231 10 90, Fax 089 23 11 09 55, www.hotel-am-viktualienmarkt.de, S/U-Bahn: Marienplatz, DZ ab 110 €, auch Drei- und Vierbettzimmer. Günstig und absolut zentral gelegen, da darf man keine Zimmerfluchten erwarten. Aber nett, freundlich und sauber ist es hier, ein gutes Standquartier für einen Münchenbesuch.

Altmünchner Gemütlichkeit – **Blauer Bock:** ■ **Karte 2, D 7,** Sebastiansplatz 9, Altstadt, Tel. 089 23 17 80, Fax 089 23 17 82 00, www.hotelblauerbock.de, U 1, 2, 3, 6: Sendlinger Tor, DZ ab 90 €, die billigeren Zimmer nicht mit eigenem Bad/WC. Der Name klingt bodenständig – zu Recht, diente das Haus doch schon vor fast 200 Jahren der Gastronomie – damals noch als einfache Wirtschaft für Fuhrknechte. Inzwischen hat es sich zu einem angenehmen, bequemen Hotel entwickelt, das nicht auf Luxus, sondern auf Gemütlichkeit setzt – ohne Tagungsräume und Lobby-Hektik. Alle Zimmer sind unterschiedlich eingerichtet, jedes mit besonderen Ausstattungsstücken.

Cooles Design – **Cocoon:** ■ **C 7,** Lindwurmstr. 35, Goetheplatz, Tel. 089 59 99 39 07, Fax 089 59 99 39 97, www.hotel-cocoon.de, U 6: Goetheplatz, DZ ab 89 €. Hier ist alles recht stylish, von der Lobby im Retro-Charme bis zu den 46 Zimmern, deren Einrichtung erfreulich nüchtern, aber sehr gut durchdacht und technisch auf neuestem Stand ist. Regendusche, Klimaanlage und reichhaltiges Frühstücksbuffet machen Laune. Ein wahrer Chillout-Cocoon, um in der Sprache des Hotels zu bleiben.

Gartentraum – **Gästehaus Englischer Garten:** ■ **G 1,** Liebergesellstr. 8, Schwabing, Tel. 089 383 94 10, Fax 089 38 39 41 33, www.hotelenglischergarten.de, U 3, 6: Münchner Freiheit, DZ ab 75 €. Die Zimmer sind einfach, teilweise ohne Bad, aber die Lage ist traumhaft: Direkt im Englischen Garten! Wenn man im Sommer auf der Terrasse frühstückt, meint man, mitten in Oberbayern zu sein, aber nur ein paar Schritte und man steht mitten im quirligen Schwabing.

Ruhig und rauchfrei – **Pension Eulenspiegel:** ■ **C 7,** Müllerstr. 43a, Tel. 089 266 678, Fax 089 242 920 44, www.pensioneulenspiegel.de, U 1, 2, 3, 6: Sendlinger Tor, DZ ab 78 €. Mitten im Zentrum, am Rand des Ausgehviertels um den Gärtnerplatz, aber dennoch einigermaßen ruhig, weil im Hinterhof, ist diese kleine, freundliche Pension gelegen. Alle Zimmer sind frisch renoviert, einfach, aber gemütlich, mit Holzböden und W-LAN Zugang auf allen Zimmern, Nichtraucherhaus!

In der Partyzone – **Haus International:** ■ **B 1,** Elisabethstr. 87, Schwabing, Tel. 089 12 00 60, Fax 089 12 00 66 30, www.haus-international.de, U 2: Hohenzollernplatz, Tram 12, 27, Bus 33, DZ ab 29 €/Pers., Bett im 5-Bett-

Übernachten

Stilvolle Nüchternheit im Hotel Cocoon

Zimmer ab 26 €. Jugendunterkunft in begehrter Lage mitten in Schwabing, ohne Sperrstunden, ohne Altersbeschränkung, aber mit Disko!

Augentrost – **H'Otello:** ■ **D 1,** Hohenzollernstr. 9, Schwabing, Tel. 089 30 90 77-0, Fax 089 30 90 77-900, www.hotello.de, U 6: Giselastraße, DZ ab 115 €. Wenn die Augen müde sind und die Füße schmerzen, dann tut es gut, sich in den unaufdringlichen, betont ruhigen Bereich dieses Hotels zurückzuziehen. Die Zimmer sind schlicht, aber mit Fantasie und Sorgfalt eingerichtet, mehr braucht man eigentlich nicht. Und wenn man sich genug ausgeruht hat, kann man sich sofort ins Schwabinger Nachtleben stürzen – es beginnt direkt vor der Tür.

Design für alle – **Motel One:** ■ **Karte 2, C 7,** Herzog-Wilhelm-Str. 28, Altstadt, Tel. 089 517 77 25-0, Fax 089 517 77 25-10, www.motel-one.com, U 1, 2, 3, 6: Sendlinger Tor, DZ ab 84 €, Frühstücksbuffet: 7,50 €, ›Eventzuschlag‹ 50 €. Ein günstiges Kettenhotel mit Anspruch: Hier hat nicht nur ein scharfer Rechner, sondern auch ein pfiffiger Designer den Bleistift angesetzt und Lobby und Zimmer mit Naturmaterialien und frischen Farben ausgestattet. Technisch ist alles up to date: Flatscreen, Regendusche, mobiler Arbeitsbereich. Neben dem Haus in der Altstadt gibt es auch Hotels derselben Kette am Rand der Innenstadt sowie an der Peripherie.

Stilvoll wohnen

Wie zuhause – **Ambiance Rivoli:** ■ **westlich A 10,** Albert-Rosshaupter-Str. 22, Sendling, Tel. 089 74 35 15-0, Fax 089 74 35 15-999, www.ambiancerivoli.de, U 5: Harras, DZ ab 148 €. Die 66 unterschiedlich gestalteten Zimmer auf sechs Etagen sind wohnlich und angenehm, der Empfang nett. Wer es schafft, während des Oktoberfests ein

Übernachten

Zimmer zu bekommen, hat es gut: Zur Wiesn sind es zu Fuß nur gut 10 Min.

Zwischen Trink- und Hochkultur – **An der Oper:** ■ **Karte 2, E 6,** Falkenturmstr. 10, Tel. 089 290 02 70, Fax 089 29 00 27 29, www.hotelanderoper.com, Tram 19: Nationaltheater, DZ ab 180 €. In diesem etwas plüschigen Haus im Stil der Siebziger kann es durchaus passieren, dass man aus dem Nebenzimmer einen Gaststar der nahen Oper beim Einsingen hören kann. Aber auch als weniger musikalischer Mensch fühlt man sich hier gleich zuhause, und zum Hofbräuhaus ist es nur ein Katzensprung.

Schön und zentral – **Anna Hotel:** ■ **Karte 2, C 6,** Schützenstr. 1, 80335 München. Tel. 089 59 99 4-0, Fax 089 59 99 4-333, www.annahotel.de, S/U-Bahn: Karlsplatz/Stachus oder Hauptbahnhof, DZ um 185 €. Zentraler geht es kaum, denn das Anna Hotel liegt zwischen Hauptbahnhof und Stachus. Schallschutzfenster garantieren dennoch eine ungestörte Nachtruhe in diesem mit viel Designerkönnen ausgestatteten Hotel. Wer sich München von oben anschauen will, gönnt sich eines der Zimmer auf dem »Oberdeck«.

Luxus pur – **Bayerischer Hof:** ■ **D 5,** Promenadeplatz 2–6, Altstadt, Tel. 089 21 20-0, Fax 089 21 20-906, www.bayerischerhof.de, Tram 19: Theatinerstraße, DZ ab 420 €. Das älteste Weltklassehotel Münchens, auf Wunsch von König Ludwig I. erbaut, der seine Staatsgäste standesgemäß unterbringen wollte. Die gehören auch heute noch zu den Gästen dieses Nobelhauses, dessen 363 Zimmern (inklusive 60 Suiten) keinen Wunsch offen lassen. Fünf Restaurants, von Haute Cuisine über asiatisch bis bayrisch, mehrere Bars, darunter eine mit Live-Jazz sowie natürlich alle denkbaren Bequemlichkeiten lassen auch verwöhnte Gäste wohlig seufzen.

Italienisches Feeling – **Opera:** ■ **Karte 2, F 6,** St.-Anna-Str. 10, Lehel, Tel. 089 210 49 40, Fax 089 21 04 94 77, www.hotel-opera.de, U 4, 5: Lehel, Tram 19: Max-II-Denkmal, DZ ab 190 €. Man traut seinen Augen kaum, wenn man diesen prächtigen ›Renaissancepalast‹ gleich hinter der Regierung von Oberbayern sieht. Freilich: Er ist nur eine Spielerei aus der prunksüchtigen Gründerzeit. Stilvoll auch das Innere, sowohl die mit Antiquitäten ausgestatteten Zimmer als auch der Innenhof, der sich ganz italienisch anfühlt. Sehr freundlicher individueller Service, ein Haus zum Wohlfühlen.

Hoher Wohlfühlfaktor – **Ritzi:** ■ **G 6,** Maria-Theresia-Str. 2a, Bogenhausen, Tel. 089 414 24 08 90, Fax 089 41 42 40 89 50, www.hotelritzi.de, U 4, 5: Max-Weber-Platz, Tram 19, DZ ab 169 €. Die schöne Lage nahe der Isar, die mit viel Geschmack individuell gestalteten Zimmer, die schicke Art-Déco-Bar und das freundliche junge Team machen aus dem Hotel in Bogenhausen eine gute Adresse. Besonderer Tipp: Der Sonntags-Brunch im Bistro.

Spitzenklasse – **Vier Jahreszeiten:** ■ **E 6,** Maximilianstr. 17, Altstadt, Tel. 089 212 50, Fax 089 21 25 20 00, www.kempinski.com, Tram 19: Nationaltheater, DZ ab 255 €. Ein Luxushotel, wie es im Buche steht, mit geschmackvoll gestalteten, geräumigen Zimmern, dem exzellentem Restaurant VUE, schicker Bar, Wellness- und Fitnessbereich. Der Service ist natürlich über jeden Tadel erhaben und prominente Gäste sind an der Tagesordnung.

Essen und Trinken

Die Tradition lebt fort

Dass die Münchner Küche deftig und bodenständig sei, hört man immer wieder. Das ist so richtig wie falsch. Denn natürlich essen die Münchner wie überall auch Pizza, Pasta, Gyros, Sushi, Scampi, Wraps, Hamburger oder Currywurst. Trotzdem erwacht in jedem, der mit Isarwasser getauft ist, gelegentlich eine tiefe Sehnsucht nach einem ›anständigen Schweinsbraten‹. Und den gibt es nicht nur in den traditionellen Wirtschaften. Auch viele ganz offensichtlich auf eine junge Klientel ausgerichtete Lokale servieren mit Stolz bayerische Traditionsgerichte, wozu auch der Münchner Sauerbraten, die gebackene Milzwurst, das saure Lüngerl (Lungenhaschee) oder das Tellerfleisch mit Kren (gesottenes Rindfleisch mit Merrettich) gehören.

Brotzeit ist die schönste Zeit

Brotzeit machen ist eine Münchner Leidenschaft. Das kann vormittags oder nachmittags sein, an der Arbeitsstelle, zu Hause, im Schwimmbad, unterwegs. Zur Brotzeit gibt es zum Beispiel warmen Leberkäs mit einer reschen Kruste, Ripperl (kaltes Kassler Kotelett), Regensburger (kurze, dicke, kräftig gewürzte Würste, die man kalt oder warm isst), Ochsenmaulsalat, weißen oder schwarzen Pressack (Sülze), Wurstsalat (Lyoner mit Zwiebeln, Essig und Öl), Fleischpflanzerl (Frikadellen), ein Stück Emmentaler, einen »Obatzdn« (zerdrückter Camembert mit Zwiebeln und Paprika), dazu eine frische Brezn, eine Semmel, eine »Riemische« oder ein »Maurerloawe« (Roggensemmel mit bzw. ohne Kümmel). Eine Sonderstellung nimmt die Weißwurst ein, die aber nach 12 Uhr mittags nichts mehr auf dem Tisch zu suchen hat (s. S. 10).

Strudel und Datschi

Nach der Fleischeslust kommt auch der Gusto auf etwas Süßes. Was heute in Münchner Gasthäusern als Nachspeise serviert wird, ist eigentlich das traditionelle Freitagsessen. Dazu gehören Dampfnudeln (in Milch und Butter gedämpfte Hefeklöße) mit Vanillesoße, die unten ein knusprig-süßes »Rammerl« (Kruste) haben müssen, oder die ihnen verwandten (gebackenen) Rohrnudeln, ein Kaiser- oder Semmelschmarrn, Apfelstrudel, Apfelkücherl (gebackene Apfelringe) oder »Auszogne«, ein rundes, in der Mitte ganz dünn gezogenes, in Fett ausgebackenes Hefegebäck. Nicht zu vergessen der Zwetschgendatschi, der anderswo Pflaumenkuchen heißt, und die Prinzregententorte, eine recht gehaltvolle Angelegenheit aus mindestens sechs dünnen Biskuitschichten, die mit Schokoladen-Buttercreme bestrichen sind.

Das Bier

»Das Bier gehört zum Münchner Bürger wie seine Seele.« Das schrieb Friedrich Hebbel im Jahr 1837, und weder vorher

Essen und Trinken

noch nachher gab es irgendein literarisches Zeugnis über München, in dem nicht mit Erstaunen, Bewunderung oder Spott das innige – und durchaus ansteckende – Verhältnis zwischen Bevölkerung und Gerstensaft zum Ausdruck gebracht wurde. Und obwohl es dem Vernehmen nach auch anderswo gutes Bier gibt, sind die Münchner doch unbändig stolz auf ihr Nationalgetränk. Die berühmte und von Besuchern gefürchtete »Maß« gibt es übrigens normalerweise nur auf Volksfesten und im Biergarten, im Wirtshaus bestellt man sich »eine Halbe« und bekommt ein helles süffiges Exportbier hingestellt. Manchmal kommt auch ein ungefiltertes und daher trübes »Zwickl« in den Ausschank. Weißbier hingegen – das im Rest der Republik als »Weizenbier« verkauft wird – kommt stilgerecht aus der Flasche, da die übliche Herstellungsmethode die Flaschengärung ist. Oft legt der Schankkellner die fast leere Flasche für einen Moment hin und gießt dann die am Boden abgesetzte Hefe sorgfältig ins Glas – die ist nämlich besonders gesund!

Weltoffen und international

Bei aller Liebe zur Tradition: In München wird auch viel und guter Wein getrunken, die internationale Küche hat, zunächst in der Ausprägung als italienische, jugoslawische und chinesische Küche, bald mit Spezialitäten aus aller Herren Länder, schon seit einem halben Jahrhundert einen Stammplatz. Innovativ und kreativ wird nicht nur in Sternerestaurants gekocht, und auch die unzähligen Lokale mit einfach guten und sorgfältig zubereiteten und freundlich servierten Gerichten machen aus der Weltstadt mit Herz auch eine mit Geschmack.

Biergärten

Der Klassiker – **Augustinerkeller:** **A 5,** Arnulfstr. 52, Neuhausen, S-Bahn: Hackerbrücke, tgl. 10–1 Uhr. Hier kann man sehen, warum die Münchner früher _auf_ den Bierkeller gingen: Der große Garten mit den uralten Kastanien liegt etwas über dem Straßenniveau, weil darunter der Bierkeller liegt. Schon vor über 150 Jahren wurde der Biergarten gern besucht, obwohl sich gleich gegenüber die Richtstätte befand. Ob im Selbstbedienungsbereich oder in der Obhut einer Bedienung – hier fühlt sich der Münchner in seinem Himmel, fließt doch der Augustiner Edelstoff aus dem Holzfass reichlich, die Weißwürste sind kesselfrisch, der Leberkäs warm und knusprig, die Brezen resch ... man kommt ins Schwärmen. Nur aufgepasst, dass man sich nicht aus Versehen an einen der vielen Stammtische setzt ...

Im Englischen Garten – **Aumeister: nördlich H 1,** Sondermeierstr. 1, Oberföhring, Tel. 089 18 93 14 20, www.aumeister.de, U 6: Studentenstadt, tgl. 9–1 Uhr. Den Biergarten am Nordrand des Englischen Gartens erreicht man klassisch mit dem Radl, so bekommt man Appetit auf eine Maß Hofbräubier und eine gute Brotzeit. Die Zeit, da hier der Sitz des königlichen Aujägermeisters war, ist aber längst vorbei.

Rekordhalter – **Hirschgarten: westlich A 5,** Hirschgarten 1, Neuhausen, Tel. 089 17 99 91 19, www.hirschgarten.de, S-Bahn: Hirschgarten, Tram 16, 17: Steubenplatz, tgl. 11.30–23.30 Uhr. Bayerns größter Biergarten (8000 Plätze!) ist immer gut gefüllt mit fröhlichen Gästen. Während die Kinder auf der großen Wiese spielen können, erfreuen sich die Erwachsenen anm Steckerlfisch und der frischen Au-

Essen und Trinken

gustiner-Maß. Bevor hier Bier ausgeschenkt wurde, wurden schon Fasanen gehalten, Hopfen angebaut, Maulbeerbäume gepflanzt, um Seidenraupen zu ziehen, und schließlich ein – noch heute bestehendes – Hirschgehege angelegt, das schnell zum beliebten Ausflugsziel wurde.

Im Herzen Haidhausens – **Hofbräukeller:** ■ **G 7,** Innere Wiener Straße 19, Haidhausen, Tel. 089 459 92 50, www.hofbraeukeller.de, U 4, 5: Wiener Platz, Tram 18, tgl. 10–23 Uhr. Kaum scheint die Sonne, verlegt sich der Schwerpunkt Haidhausens hierher, in den großen Biergarten des auch zu anderen Jahreszeiten beliebten Hofbräukellers. Wer danach das Bedürfnis nach einem Spaziergang verspürt, verlasst den Garten durch ein Törchen und befindet sich direkt am Isar-Hochufer.

Hip und gemütlich – **Park Café:** ■ **C 5,** Sophienstr. 7, Innenstadt, Tel. 089 51 61 79 80, www.parkcafe089.de, S/U-Bahn: Karlsplatz, So–Do 11–1, Fr, Sa 10–2. Was nach Kaffee und Kuchen klingt, ist in Wirklichkeit ein prächtiger bayerischer Biergarten mitten in der Stadt mit dem klassischen Biergartenangebot und einem täglich wechselnden Mittagsgericht. Die Musik ist weniger klassisch, denn im Innern ist das Park Café ein beliebter Club für die Twenty-somethings, Musikbühne und Tanzlokal. Falls ein wichtiges Fußballspiel ansteht: Es gibt auch eine Großleinwand.

Familiär – **Taxisgarten:** ■ **westlich A 3,** Taxisstr. 12, Neuhausen, Tel. 089 15 68 27, www.taxisgarten.de, U 1: Gern, tgl. 11–24 Uhr. Sehr netter, familienfreundlicher Biergarten in Neuhausen, einfach der richtige Ort für eine gemütliche Runde bei Bier und Spareribs.

Cafés und Frühstück

Brotzeit – **Brotraum:** ■ **E 1,** Herzogstr. 6, Schwabing, Tel. 089 76 10 21, www.brotraum.de, U 3, 6: Münchner Freiheit, Mo–Fr 7–18, Sa 7–14 Uhr. Hier gibt es eine rundum gesunde ›Brotzeit‹ im wahrsten Sinn des Wortes: Im Steinofen gebackenes Brot aus Bio-Getreide, nach allen Regeln der alten Bäckerkunst erzeugt. Wer will, kann dabei zusehen, wie der Schwanthaler-Laib oder der Korntraum Gestalt annehmen. Man kann es sich aber auch mit einer Tasse Kaffee und einem ofenfrischen Gebäck in der Lounge gemütlich machen und sich in die Zeitung versenken.

Rosengarten – **Café im Hinterhof:** ■ **G 8,** Sedanstr. 29, Haidhausen, Tel. 089 448 99 64, S/U-Bahn: Ostbahnhof, Mo–Sa 8–20, So 9–20 Uhr. Ein versteckter Hinterhof, darin ein gemütliches Café mit einem halben Dutzend unterschiedlicher Jugendstillampen, eine verwunschene, überrankte große Terrasse, dazu selbst gebackene Kuchen, verschiedene Kaffeesorten – fehlt nur noch ein gutes Buch oder ein netter Partner zum Plaudern.

Süß! – **Hungriges Herz:** ■ **D 8,** Fraunhoferstr. 42, Tel. 089 12 07 38 68, www.hungriges-herz.com, U 1, 2: Fraunhoferstraße, Mo–Fr 7–20, Sa, So 9–19 Uhr. Bäckerei, Café, Zeitungsladen – ein supergemütlicher Ort für Früh- und Spätstück, gute Kuchen, frisches Brot, Wein.

Gediegen – **Café Luitpold:** ■ **D 5,** Brienner Str. 11, Innenstadt, Tel. 089 242 87 50, www.cafe-luitpold.de, U 3, 4, 5, 6: Odeonsplatz, Mo–Fr 9–20, Sa 8–19, So 11–18 Uhr, Hauptgerichte um 15 €. Im Café Luitpold herrschen Twinset und Anzug vor. Nach dem Umbau

Essen und Trinken

2010 ist alles noch viel schöner und edler. Nicht zuletzt der üppig dekorierte Palmengarten lässt Reminiszenzen an die Zeit vor 100 Jahren wach werden, als Wedekind und Morgenstern, Thoma und Ganghofer hier saßen und sich die Zeit vertrieben.

Schmäh und Charme – **Mariandl:** ■ **B 7,** Goethestr. 51, Ludwigsvorstadt, Tel. 089 54 40 43 48, U 3, 6: Goetheplatz, tgl. 9–1 Uhr. Wer eine Ader hat für Wiener Charme und Johann Strauß, wird sich hier wohlfühlen. Die Atmosphäre ist entspannt, das Publikum gemischt, das Herrengulasch zum Gabelfrühstück wird stilecht mit einem Gurkerl angeboten. Zum Sonntagmorgen-Brunch zieht es halb München zu Livemusik und allerlei Leckerbissen in das kleine Café.

Traum in Weiß und Rosa – **Nona's:** ■ **D 1,** Herzogstr. 78, Schwabing, Tel. 089 306 57 070, U 3, 6: Münchner Freiheit, Di–Fr 7.30–17 Uhr, Sa, So 10–17 Uhr. Veronika Nissls Laden sieht aus wie aus einem Bilderbuch für kleine Mädchen: Verschnörkelte Tische und Stühle, weiße, gestärkte Schürzen, altmodische Bonbongläser, eine gefährlich zischende, messingblanke Kaffeemaschine. Da will man sich doch gleich niederlassen und einen der himmlischen Kuchen essen: Erst ein Stück Käsekuchen, dann eine Scheibe Marmorkuchen, dann vielleicht noch ein Schokoladentörtchen.

Hoflieferanten – **Confiserie Rottenhöfer // Café Hag:** ■ **E 5,** Residenzstr. 25–26, Altstadt, Tel. 089 22 29 15, www.rottenhoefer.de, S/U-Bahn: Marienplatz, Mo–Fr 8.45–19, Sa 8–18 Uhr. Ein richtig feines Kaffeehaus mit hervorragenden Kuchen, einer großen Auswahl an Kaffeezubereitungen und altmodisch-nettem Service.

Café-Bistro-Bar – **Café Voilà:** ■ **G 7,** Wörthstraße 5, Haidhausen, Tel. 089 489 16 54, S: Ostbahnhof, U 4, 5: Wiener Platz oder Max-Weber-Platz, tgl. 8–1 Uhr, Frühstück ab 6 €, Hauptgerichte ab 15 €. So mag man es in Haidhausen: ein gemütliches Café mit reichhaltigem Frühstück, kleineren und größeren Gerichten und gepflegten Getränken, dazu ein angenehmes Ambiente mit tollem Blickfang: Der Kronleuchter! Leider wissen das sehr viele Haidhauser zu schätzen …

Gourmet-Lokale

»Freistil-Küche« – **Ederer:** ■ **D 5,** Kardinal-Faulhaberstr. 10, Altstadt, Tel. 089 24 23 13 10, www.restaurant-ederer.de, S/U-Bahn: Marienplatz, Mo–Sa 11.30–15,18.30–1 Uhr, Menü 55 €, Mittagsmenü 20–30 €. Kreative Saisonküche in künstlerischem Rahmen: An den Wänden des stilvollen Restaurants im Gründerzeitpalais der Hypo-Bank hängen Bilder zeitgenössischer Künstler. Der Sternekoch verarbeitet regionale Produkte in Bioqualität, kreiert ganze Gemüse-Menüs, verwendet bei Fleischspeisen gern auch Innereien und wechselt die (kleine) Karte regelmäßig. Selbstverständlich ist alles mehr als perfekt zubereitet – ein Hochgenuss. Im Sommer genießt man die ganze Herrlichkeit auf der wunderschönen Gartenterrasse – mehr kann man nicht verlangen.

Klassisch gut – **Königshof:** ■ **Karte 2, C 6,** Karlsplatz 25, Innenstadt, Tel. 089 55 13 60, www.koenigshof-muenchen.de, S/U-Bahn: Karlsplatz, Di–Sa 12–14, 19–22 Uhr, Okt.–Dez. auch Mo, Hauptgerichte 45 €, Menü 135 € (mit Wein). Will man wirklich mit Blick auf den Stachus speisen? Unbedingt! In

Essen und Trinken

diesem Restaurantklassiker ist man in den besten Händen. Service, Küche, Weine: Alles vom Feinsten. Die Küche ist ambitioniert, aber nicht exaltiert, die Kombinationen (Lachsforelle mit grünen Mandeln und Holunder, Reh mit Sauerkirsch-Gänseleberpovesen)) hochinteressant und überaus köstlich.

Surprise, surprise – **Landersdorfer und Innerhofer:** ■ **Karte 2, D 6,** Hackenstr. 6–8, Altstadt, Tel. 089 26 01 86 37, U 1, 2, 3, 6: Sendlinger Tor, Mo–Fr 11.30–14, 18.30–1 Uhr, viergängiges Überraschungsmenü (incl. Weinauswahl) um 90 €, Business Lunch 22,50 €. Man steigt ein paar Stufen hinunter und befindet sich im Paradies der Genüsse. Der Empfang ist freundlich, die Räume licht und einladend, und alles Weitere wird sich schon richten. Vertrauen muss man halt haben, denn es gibt keine Karte, sondern jeden Abend ein Überraschungsmenü, das man nach Gusto auch von vier auf mehr Gänge ausweiten kann. Sehr gute Weinkarte mit Schwerpunkt auf österreichischen Weinen.

Tempel der Tafelfreuden – **Tantris:** ■ nördlich F 1, Johann-Fichte-Str. 7, Schwabing, Tel. 089 361 95 90, www.tantris.de, U 6: Dietlindenstraße, Di–Sa 12–15, 18.30–1 Uhr, Menü ab 165 €. Nach fast 40 Jahren hat das Tantris nichts von seinem Flair verloren. Zwei Michelinsterne gilt es täglich zu verteidigen, was Küchenchef Hans Haas souverän gelingt (Kalbsschwanzessenz, Steinbutt mit Eigelb). Die Menüs werden täglich neu komponiert und zeichnen sich durch große Harmonie der Aromen und einen erfreulichen Mangel an modischen Spielereien aus. Auch das Ambiente ist legendär: Teppich an den Wänden, viel Orange und Pink – die Popkultur der 1960er-Jahre.

Gut und günstig

Studi-Zuflucht – **Atzinger:** ■ **E 4,** Schellingstr. 9, Maxvorstadt, Tel. 089 28 28 80, U: 3, 6 Universität, tgl. 9–1 Uhr, Lunch 4,80 €. Ohne den Atzinger wären Tausende von Seminararbeiten nicht geschrieben worden, hier wurden Nervenzusammenbrüche mit Strömen von Kaffee und Bier gelindert und mit Jägerschnitzel geheilt. In Wahrheit existiert der alte Atzinger seit ein paar Jahren nicht mehr, die Einrichtung wurde an die Stammgäste versteigert. Der neue Atzinger sieht fast so aus wie der alte und ist nach wie vor aus dem universitären Leben nicht wegzudenken.

Luxuswurst – **Curry:** ■ **D 7,** Fraunhoferstr. 11, U 1, 2: Fraunhoferstraße, So–Do 11.30–23, Fr, Sa 11.30–24 Uhr. Hier gibt es nur Currywurst – aber was für eine! Dazu edel-rustikale Sößchen wie Trüffelmayo und Saté, außerdem selbst geschnitzte Fritten.

Gutes aus der Kantine – **Gesund & Köstlich:** ■ **Karte 2, D 6,** Marienplatz 8, Tel. 089 233 23 223, www.gesund-und-koestlich.de, S/U-Bahn: Marienplatz, Mo–Fr 11–18.30, Sa 12–16 Uhr, Hauptgerichte 4–10 €. In die Kantine? Das ist doch nicht ernst gemeint? Doch, durchaus! Denn die Rathauskantine im Hof des Münchner Rathauses ist ein echter Tipp für alle, die leicht, gesund, günstig und gut essen wollen. Zum Beispiel Kalbsgulasch, pochiertes Kabeljaufilet mit Eszterhazy-Gemüse und Kapernsauce oder Brokkoliterrine mit Weißwurststradeln. Das alles in einem hohen, lichten Saal mit bequemen, unprätentiösen Tischen und Stühlen und schicken Lampen. Das Fleisch kommt aus artgerechter Haltung, das Gemüse von Biohöfen rund um München, zubereitet wird alles mit großer

Essen und Trinken

Sorgfalt, hohem Können und weit mehr Liebe, als das Wort Kantine glauben lässt.

Gut aufgehoben – **Luise:** ■ C 4, Luisenstr. 49, Maxvorstadt, Tel. 089 64 29 99 76, U 3, 6: Universität, Hauptgerichte um 7 €. Früher wurden hier Technische Fachbücher verkauft, jetzt gibt es statt Logarithmentafeln warme Suppen, gute Nudelgerichte, frische Salate und Kuchen aus eigener Herstellung. Klein, gemütlich, günstig.

Auf gut Bayerisch – **Metzgerwirt:** ■ westlich A 3, Nördliche Auffahrtsallee 69, Nymphenburg, Tel. 089 14 04 70, Tram 17: Steubenplatz, Hauptgerichte 7–15 €, Mittagskarte 6 €. Der Metzgerwirt hat schon viele Jahrzehnte auf dem Buckel, was man ihm auch nach der Renovierung auf charmante Art ansieht: eine verwinkelte Wirtsstube mit diversen Nebenräumen, alte Bilder an den Wänden, eine Karte voller bayerischer Schmankerl (Dienstag ist Schlachttag, da gibt es u.a. Blut- und Leberwürste), aber auch leichte Gerichte und Brotzeiten.

Ökologisch korrekt – **Pommes Boutique:** ■ E 4, Amalienstr. 46, Maxvorstadt, U 3, 6: Universität, Mo–Sa 10 – 22 Uhr, So 10–20 Uhr. Dicke, knusprige belgische Pommes (für Unkundige: Das sind die Besten!), dazu Bio-Currywurst (auch in der Variante mit Bärlauch) aus den Hermannsdorfer Landwerkstätten – wer spricht da noch von Fastfood?

Internationale Küche

Der bayerische Japaner – **No mi ya:** ■ G 7, Wörthstr. 7, Haidhausen, Tel. 089 448 40 95, Tram 15, 19: Wörthstraße, U: 4, 5 Max-Weber-Platz, tgl. 18–1 Uhr (Küche 19–24 Uhr). Bayerisch-japanisch, wie passt denn das zusammen? In Ferdl Schusters Lokal kann man es ausprobieren, kann Shiitake-Pilze mit Schweinswürstln kombinieren oder Yakitori mit einem frischen Unertl-Weißbier hinunterspülen – ganz normal eben, bloß ganz anders.

Down under – **Outland Bar:** ■ G 8, Weißenburger Platz 3, Haidhausen, Tel. 089 48 99 78 80, www.outlandbar.de, S-Bahn: Rosenheimer Platz, tgl. 9–1 Uhr, Fr, Sa bis 3 Uhr, Hauptgerichte um 15 €. Känguru, Emu und Krokodil gibt es in dem modernen, coolen Bar-Restaurant. Zusammen mit Kartoffelecken oder Bandnudeln ist das weniger exotisch, als man fürchten könnte, für weniger Experimentierfreudige gibt es aber auch Salate, Hamburger oder Steaks.

Dicker Klops – **Schmock:** ■ C 4, Augustenstr. 52, Maxvorstadt, Tel. 089 52 35 05 35, www.schmock-muenchen.de, U 1: Stiglmaier Platz, tgl. 17–1 Uhr, Tagesbar 10–18 Uhr, Hauptgerichte um 20 €. Im Schmock isst man israelisch, das heißt orientalisch mit osteuropäischem Einschlag, genauer gesagt: Fisch mit *Jerakot* (Gemüse) ebenso wie Königsberger Klopse, für die das Schmock berühmt ist. Die Speisen sind »nach koscherer Art« zubereitet, also keine Vermischung von Fleisch und Milchprodukten, kein Schweinefleisch, nicht einmal in der legendären Currywurst.

Szene und Ambiente

Lesen, trinken, essen – **Walter & Benjamin:** ■ Karte 2, D 7, Rumfordstr. 1, Isarvorstadt, Tel. 26 02 41 74, www.walterundbenjamin.de, S-Bahn: Isartor, Mo 10–20, Di–Sa 10–23 Uhr. Weinhandlung, Weinbar, kleine Gerich-

Essen und Trinken

te und schöne Bücher – das Konzept entspringt nicht einer chronischen Entscheidungsschwäche, sondern dem Bestreben, es der geneigten Kundschaft so schön wie möglich zu machen. Di–Sa ab 18.30 Uhr gibt es ein kleines Tagesgericht, Fr, Sa auch mittags.

Eleganter Zwischenstopp – **Bohne & Malz:** ■ **Karte 2, D 6,** Weinstr. 3, Altstadt, Tel. 089 29 52 02, www.bohne undmalz.de, S/U-Bahn: Marienplatz, tgl. 10–24 Uhr, Salate um 12 €, Pasta um 10 €. Leichte, mediterran inspirierte Küche, frische Salate kennzeichnen die Karte, aber auch wer nur einen Kaffee trinkt, kommt auf seine Kosten: Eine von hinten beleuchtete Marmorwand wirkt wie ein Gemälde.

Typisch München

Altmünchen – **Augustiner:** ■ **Karte 2, C 6,** Neuhauser Str. 27, Altstadt, Tel. 089 23 18 32 57, www.augustiner-res taurant.com, S/U-Bahn: Marienplatz oder Karlsplatz, Mo–So 10–24 Uhr, Hauptgerichte 10–15 €. Zufluchtsort für alle müden Pflastertreter, hungrigen Shopper und Freunde des guten, süffigen Augustinerbiers. Die Altmünchner Großgaststätte hat (meistens) Platz für alle, ob im malerischen Muschelsaal oder im schönen Arkadengarten. Das Essen ist gut, die Kellnerinnen freundlich, und an den großen Tischen kommt man schnell ins Gespräch.

In München steht ein ... – **Hofbräuhaus:** ■ **Karte 2, E 6,** Platzl 9, Altstadt, Tel. 089 22 16 76, www.hofbraeu haus.de, S/U-Bahn: Marienplatz, tgl. 9–24. Hauptgerichte um 10 €. Wahrscheinlich das berühmteste Wirtshaus der Welt, aber wer daraus schließt, dass es sich um eine reine Touristenfalle han-

delt, der irrt. Mehrere Dutzend Stammtische ›tagen‹ im Hofbräuhaus, und wer für seinen Maßkrug einen Platz im berühmten ›Safe‹ bekommt, der hat es wirklich geschafft. In der Schwemme geht es derb-gemütlich zu, im Bräustüberl schon etwas kultivierter, und wer einen Platz im Biergarten ergattert, ist König. Das Bier ist süffig, das Essen gediegen und typisch Münchnerisch – kehren Sie ruhig ein!

Gemütlich – **Paulaner Bräuhaus:** ■ **B 8,** Kapuzinerplatz 5, Isarvorstadt, Tel. 089 544 61 10, www.paulaner-brau haus.de, U 3, 6: Goetheplatz, tgl. 10–1 Uhr, Schweinsbraten 8,70 €, Mittagsteller 5,25 €. Bestellen Sie sich hier ein Zwickl: ein untergäriges, ungefiltertes Helles. Kenner schwören, dass es besonders bekömmlich ist. Eine andere Münchner Spezialität ist das ›Böfflamott‹, das im Herkunftsland *Bœuf à la mode* heißt und ein wunderbar mürbes, mariniertes und dann geschmortes Rindfleisch bezeichnet.

Die Legende – **Weißes Bräuhaus:** ■ **E 6,** Tal 7, Altstadt, Tel. 089 290 13 80, www.weisses-brauhaus.de, S/U-Bahn: Marienplatz, tgl. 8–1 Uhr, Hauptgerichte 10–15 €. Eine Münchner Institution ist diese Wirtschaft im Herzen der Stadt. Weißwürste hören hier das Zwölf-Uhr-Läuten nie, auf der Karte stehen längst vergessene Schmankerl wie aufgeschmalzene Breznsuppe, geröstete Knödel, Schweinsnieren sauer oder Kalbskron. Natürlich gibt es auch klassische Braten, gute Brotzeiten und Gemüsegerichte aus der bürgerlichen Küche.

Vegetarisch

Ökocharme – **Café Ignaz:** ■ **D 2,** Georgenstr. 67, Maxvorstadt, Tel. 089

Essen und Trinken

Im berühmtesten Wirtshaus der Welt

271 60 93, www.ignaz-cafe.de, U 3, 6: Giselastraße, Mo, Mi, Do, Fr 8–23 Uhr, Sa, So 9–23 Uhr, Mittagsbuffet Mo–Fr 6,90 €, Brunch am Wochenende 9 € p.P. Das Ignaz trifft alle Erwartungen an ein vegetarisches Lokal: Es ist gemütlich und ein bisschen alternativ, auf den Tischen stehen Kerzen, an den Wänden hängt Kunst, und was einen kulinarisch erwartet, ahnt man schon, wenn man sich an der Theke mit den Kuchen und Salaten vorbeischiebt in den Speiseraum. Das Angebot ist mehr als reichhaltig, Pizza, Crepes, Couscous, Reis-, Nudel- und Wokgerichte, Gratins – alles in unzähligen Kombinationsmöglichkeiten. Auch Veganer sind hier gut aufgehoben und müssen sich nicht mit Alibigerichten zufrieden geben. Alle Gerichte kann man für kleines Geld auch mitnehmen, aber halt: Auch die hervorragenden Kuchen muss man unbedingt probieren!

Köstliches aus Soja – **Kopfeck:** ■ **D 8,** Klenzestr. 89, Gärtnerplatzviertel, www.kopfeck.de, U 3, 6: Fraunhoferstr., tgl. 17–1, Fr, Sa bis 3 Uhr, Hauptgerichte um 10 €. Im Kopfeck werden herkömmliche Bistrogerichte in der Soja- und Seitanvariante gezaubert, eine Alternative, die viele Gäste (auch Veganer) anzieht. Eine wechselnde Wochenkarte sorgt für Abwechslung, aber der wahre Star des Kopfeck ist der Veggieburger mit einem herzhaften Gemüseküchlein, Pommes und Salat. Im Lauf des Abends verwandelt sich das Restaurant in einen Club mit ausgesuchter Musik und guten Cocktails, und jeden Sonntag abend steht gemeinsames Tatort-Schauen auf dem Programm.

Orientalisch – **Prinz Myshkin:** ■ **Karte 2, D 6,** Hackenstr. 2, Altstadt, Tel. 089 26 55 96, www.prinzmyshkin.com, U 1, 2, 3, 6: Sendlinger Tor, tgl. 11–0.30 Uhr, Hauptgerichte 10–15 €. In zurückhaltend-edlem Ambiente schlemmt man fleisch- und fischlos, aber köstlich. Tofu und Soja werden zu italienischen oder französischen Klassikervarianten, auch die indische und die thailändische Küche lassen grüßen.

Einkaufen

Shoppen, bis die Karte glüht

Dass München ein Einkaufsparadies ist, das sich mit anderen – und viel bedeutenderen – Weltstädten messen kann, steht außer Zweifel. Man muss nicht einmal die berühmten tief verschleierten Damen aus dem Nahen Osten bemühen, die sich mit Schwestern, Tanten, Kindern, Personal und Leibwächtern im August in Münchner Luxushotels einquartieren und ihre Kreditkarten zum Glühen bringen. München hat für jeden Geschmack und jeden Geldbeutel etwas zu bieten, vom Pariser Haute-Couture-Kleid bis zum Secondhand Hippie-Fummel, Weltmarken wie Gucci ebenso wie coole Szenelabels, edles Möbeldesign genauso wie fantasievolle Newcomerstücke oder Ökomöbel aus bei Neumond geschlagenem Holz. Dazu kommt eine große Portion Kitsch und Kurioses, vor allem in der Abteilung Bavarica, die mit Dackel-Maßkrügen, Trachtenbarbies, Lederhosenjeans, Gamsbart-Attrappen und anderen liebenswürdigen Seltsamkeiten dem Angebot einen leicht schrägen Drall gibt.

Einkaufsstraßen

Die Fußgängerzone (Kaufinger Straße und Neuhauser Straße) ist die bedeutendste und am stärksten frequentierte Einkaufsstraße Münchens. Hier finden sich die Niederlassungen großer Kaufhausketten sowie in den Passagen rechts und links auch kleinere Läden für Mode, Schmuck und Delikatessen. Die Sendlinger Straße mit dem Asamhof hat ein großes Angebot an Schuh- und Schmuckgeschäften. Mehr oder weniger hochwertige München-Souvenirs finden sich rund um das Petersbergl sowie am Platzl und in den umgebenden Gassen.

Luxusmeilen

Maximilianstraße, Theatinerstraße, Diener- und Weinstraße sowie das gläserne Labyrinth der Fünf Höfe sind die Orte der Edelmarken. Hier ist alles vom Feinsten und Teuersten, die aktuellen Trends aus Paris, London und Mailand kommen in Lichtgeschwindigkeit an. Neben exklusiven Modeboutiquen und Juweliergeschäften finden sich hier auch schicke Cafés und gediegene Restaurants.

Bunt, schräg, originell

Fast unerschöpflich ist die Auswahl an jungen, trendigen Modelabels rund um den Gärtnerplatz sowie in Schwabing, etwa in der Feilitzschstraße oder in der Hohenzollernstraße sowie im Karree Türken-/Schelling-/Theresien-/Amalienstraße. Viele interessante und auf bestimmte Themen spezialisierte Buchhandlungen und Antiquariate findet man naturgemäß im Univiertel. Haidhausen mit seinen unzähligen kleinen Läden mit Design und Kunsthandwerk, Schmuck und Krimskrams ist ein wahres Stöberparadies.

Einkaufen

Delikatessen und Lebensmittel

Pralinenhimmel – **Elly Seidl:** ■ Karte 2, D 6, Maffeistr. 1, Altstadt, www.ellyseidl.de, S/U-Bahn: Marienplatz, Mo–Fr 9–18.30, Sa 10–18 Uhr. Hier werden Schokoladenträume wahr! Handgefertigte Pralinen, gefüllt mit allem, was köstlich und kalorienreich ist, zwischen ganz süß und edel herb.

Für Verwöhnte – **Käfer:** ■ H 5, Prinzregentenstr. 73, Bogenhausen, Tel. 089 416 82 55, www.feinkost-kaefer.de, U 4: Prinzregentenplatz, Mo–Fr 9.30–20, Sa 8.30–16 Uhr. Falls Sie jemanden mit einem superelegantem Picknick beeindrucken möchten oder den Lieben zuhause weißen Trüffelhonig, Schokocreme mit Blutorangenöl oder Tomaten-Zitronengras-Chutney mitbringen wollen, machen Sie eine Streifzug durch den Käfer-Shop. Angeregt durch die Köstlichkeiten lassen Sie sich danach vielleicht auf ein Tellerchen Bouillabaisse in Bistro nieder.

Grüne Apotheke – **Kräuterhaus Lindig:** ■ Karte 2, D 7, Blumenstr. 15, Altstadt, www.phytofit.de, S/U-Bahn: Marienplatz, Mo–Fr 9–18.30, Sa 9–13 Uhr. Kopfweh, Halsweh, schlechte Laune? In diesem alteingesessenen Laden gibt es das richtige Kraut für jede Tages- und Jahreszeit.

Mehr als Salz und Pfeffer – **Schuhbecks Gewürzladen:** ■ Karte 2, E 6, Platzl 4a, Altstadt, www.schuhbeck.de, S/U-Bahn: Marienplatz, Mo–Sa 10–19 Uhr. Das Platzl ist mit Ausnahme des Hofbräuhauses fest in Alfons Schuhbecks Hand. Neben zwei Restaurants und einem Eissalon ist hier auch der hauseigene Gewürzladen, in dem raffinierte Gewürzmischungen – allein zwölf indische Currymischungen – und würzkräftige Kräuter angeboten werden.

Süßes Paradies – **Spanisches Fruchthaus:** ■ Karte 2, D 6, Rindermarkt 10, Altstadt, S/U-Bahn: Marienplatz, Mo–Fr 9.30–18.30, Sa 10–16 Uhr. Ob kandiert, getrocknet oder glaciert – jede Frucht, von Ananas bis Zitrone, dazu kandierte Veilchenblüten und vieles mehr gibt es in diesem kleinen duftenden Laden im auffälligen Ruffinihaus.

Geschenke, Souvenirs, Design

Für Kochlöffelkönige – **Le Bazar de Cuisine:** ■ G 8, Balanstr. 8, Giesing, Tel. 089 44 76 95 92, www.bazarcuisine.de, S-Bahn: Rosenheimer Platz, Mo–Fr 9–18, Sa 10–14 Uhr. Dem Hobbykoch gehen hier die Augen über: Austernöffner und Fischschupper, Crêpepfannen und Kaviarlöffel, Fleur de Sel und Gugelhupfpralinen, alles, was man sich an Utensilien für die französische Küche vorstellen kann, findet Platz in diesem hübschen kleinen Laden.

Bunt und pfiffig – **Breitengrad:** ■ E 4, Schellingstr. 26, Maxvorstadt, U 3, 6: Universität, Mo–Fr 10–19, Sa 10–18 Uhr. Geblümte Gießkannen, Umhängetaschen aus Recyclingmaterial, Puppen, die sich als Küchenreibe entpuppen – alles, was man garantiert nicht braucht, findet sich in diesem kunterbunten Laden. Andererseits: Sind es nicht gerade die vollkommen unnützen Dinge, die am meisten Spaß machen?

Alles retro – **Delikatessen:** ■ D 8, Reichenbachstr. 24, Gärtnerplatzviertel, U 1, 2: Fraunhoferstraße, Di–Fr 13–19, Sa 11–17 Uhr. Lampen, Geschirr und

Einkaufen

Haushaltswaren, auch Schalenstühle und Tische im Stil der 60er und 70er, alte Postkarten mit Münchner Stadtansichten.

Alles Natur – **Kleinod:** ■ **D 7,** Reichenbachstr. 23, Gärtnerplatzviertel, U 1, 2: Fraunhoferstraße, Mo–Fr 10–19, Sa 10–18 Uhr. Kissen, Körbe, Dekomaterialien im Kolonialstil, auch Kleidung und Naturkosmetik.

Holzspielzeug – **Kunst und Spiel:** ■ **F 2,** Leopoldstr. 48, Schwabing, Tel. 089 38 16 27-0, www.kunstundspiel.de, U 3, 6: Giselastraße, Mo–Fr 9.30–19.30, Sa 9.30–18 Uhr. Das Geschäft für Holzspielwaren steht seit 1956 ganz im Zeichen der Waldorfpädagogik. Nur Holz, Filz, Ton und Glasperlen kommen in die Tüte, Plastik ist verpönt. Spezialität ist die ›Waldorfpuppe‹, die von den Kindern selbst fertiggestellt und bemalt werden kann.

Alles für den Haushalt – **Kustermann:** ■ **Karte 2, D 6,** Viktualienmarkt 8, Altstadt, www.kustermann.de, S/U-Bahn: Marienplatz, Mo–Sa 9.30–20 Uhr. Seit mehr als 200 Jahren gibt es hier alles, was man im Haushalt brauchen könnte, vom schlichten Dosenöffner bis zum edlen Porzellanservice. Und wer endlich keinen Dosenöffner mehr benutzen möchte, kann einen Kochkurs buchen.

Papierkram – **Papierladen:** ■ **H 7,** Metzstr. 33, Haidhausen, U 4, 5: Max-Weber-Platz, Mo–Fr 10–18.30, Sa 10–13 Uhr. In dem kleinen Laden von Werner Rosinger werden Schreibwaren-Junkies schwach: Papier in allen Farben und Stärken, Bleistifte, Buntstifte, Notizbücher, schöne, kunstvolle Glückwunschkarten, Geschenkpapier und vieles mehr.

Very British – **Pomeroy & Winterbottom:** ■ **D 8,** Reichenbachstr. 38, Gärtnerplatzviertel, www.pomeroy-winterbottom.de, U 1, 2: Fraunhoferstraße, Mo–Fr 10–18.30, Sa 10–16 Uhr. Ob Marmite oder echter englischer Senf: Das ist der Laden für Anglophile, die ihren *five-o'clock-tea* selbstverständlich aus Wedgewood-Tassen nehmen und dazu Shortbread knabbern.

Hoflieferant – **Radspieler:** ■ **Karte 2, D 6,** Hackenstr. 4 und 7, Altstadt, www.radspieler.com, U 1, 2, 3, 6: Sendlinger Tor, Mo–Fr 10–19, Sa 10–18 Uhr. Ein Münchner Traditionsgeschäft für Stoffe, Küchenutensilien und Schönes für Heim und Garten, alles von ausgesuchter Qualität und erlesenem Stil.

Hollarödullijö – **servus.heimat:** ■ **Karte 2, D 6,** Brunnstr. 3 (Asamhof), Altstadt, www.servusheimat.com, U 1, 2, 3, 6: Sendlinger Tor, Mo–Sa 10–20 Uhr. Wer seinem Herzerl ein Herzerl oder ein T-Shirt mit Dackel mitbringen oder wer im Winter einen Schal mit Gams tragen will, der ist in diesem witzigen Souvenirgeschäft am richtigen Ort (Dépendance im Stadtmuseum).

Nichts für Romantiker – **Stein11:** ■ **G 7,** Steinstr. 11, Haidhausen, Tel. 089 26 94 99 63, www.stein11.de, U 4, 5: Max-Weber-Platz, Mo–Fr 10–14 Uhr. Das Geschäft hat sich Vollholzmöbeln im schnörkellosen Stil der amerikanischen Shaker verschrieben. In diesem Stil sind auch Accessoires, Geschirr und Teppiche gehalten.

Märkte

Der kleine Viktualienmarkt – **Elisabethmarkt:** ■ **D 2,** Elisabethplatz, Schwabing, U 2: Hohenzollernplatz,

Einkaufen

Tram 12, 27, Bus 33, Mo–Fr 8–18, Sa 8–13 Uhr. Eine Schwabinger Institution, an den fest eingerichteten Standln gibt es alles, was man für ein Picknick oder Abendessen braucht, dazu einen kleinen Biergarten.

In der Vorstadt – **Markt am Wiener Platz:** ■ **G 7,** Wiener Platz, Haidhausen, U 4, 5: Max-Weber-Platz, Tram 18: Wiener Platz, Mo–Fr 8–18, Sa 8–14 Uhr. Die Stände für Obst und Gemüse passen sich in die Umgebung mit den alten Herbergshäuschen perfekt ein. Viele Imbissmöglichkeiten.

Viktualienmarkt: s. S. 32

Mode und Accessoires

Gentlemen only! – **Hirmer:** ■ **Karte 2, D 6,** Kaufingerstr. 28, Tel. 089 23 68 30, www.hirmer.de, S/U-Bahn: Marienplatz, Mo–Fr 9.30–20, Sa 9–20 Uhr. Großes Modekaufhaus für Männer jeden Alters und jeder Statur, große Auswahl von klassischer Herrenmode und lässigem Lifestyle-Outfit.

Mode für alle – **Konen:** ■ **Karte 2, D 6,** Sendlinger Str. 3, Altstadt, Tel. 089 24 44 220, www.konen.de, S/U-Bahn: Marienplatz, Mo–Sa 10–20 Uhr. Großes Modekaufhaus mit Labels wie Boss, René Lezard, Joop, Marc O'Polo, für die ganze Familie.

Wäscheträume – **Franziska Krines:** ■ **Karte 2, E 6,** Residenzstr. 19, Altstadt, Tel. 089 210 69 50, www.franziska-krines.de, S/U-Bahn: Marienplatz, Mo–Fr 10–19, Sa 10–18 Uhr. Feine Wäsche in allen Größen, auch Dirndl-BHs, und tolle Bademode, die von fachkundigen Verkäuferinnen an die Frau gebracht werden.

Lodenmoden – **Loden-Frey:** ■ **Karte 2, D 6,** Maffeistr. 7, Altstadt, Tel. 089 21 03 90, www.loden-frey.de, S/U-Bahn: Marienplatz, Mo–Sa 10–20 Uhr. Münchens Traditionsgeschäft für Designermode (Armani, Valentino, Lacoste) sowie für Trachten und Lodenmäntel.

Zeigt her eure Füße – **Ed Meier:** ■ **Karte 2, E 5,** Residenzstr. 22, Altstadt, www.edmeier.de, S/U-Bahn: Marienplatz, Mo–Fr 10–19, Sa 10–18 Uhr. Zu Ed Meier geht man, um sich erstklassige Schuhe zu kaufen oder machen zu lassen. Wer bereits erstklassige handgenähte Schuhe, aber keinen Butler hat, belegt dort einen Schuhputzkurs, eine recht fröhliche und erstaunlich informationsreiche Angelegenheit.

Kultlabels – **Rag Republic:** ■ **Karte 2, F 1,** Feilitzschstr. 3, Schwabing, www.ragrepublic.com, U 3, 6: Münchner Freiheit, Mo–Fr 11–20, Sa 11–18 Uhr. Große Auswahl an hochwertigen Taschen, Portemonnaies, Jacken, Hosen von jungen Designern. In der Filiale in der Marktstr. 1 gibt es die etwas günstigeren Objekte.

Luxusshoppen – **Theresa:** ■ **Karte 2, D 6,** Maffeistr. 3, Altstadt, www.mytheresa.com, S/U-Bahn: Marienplatz, Mo–Fr 10–19, Sa 10–18 Uhr. Für Fashionistas mit leistungsfähiger Kreditkarte. Bei Theresa gibt es alle großen Marken wie Miu Miu, Stella McCartney, Dolce & Gabbana, Balmain, Yves St-Laurent etc.

Schmuck

Knochenarbeit – **natur-schmuck-design:** ■ **D 7,** Reichenbachstr. 23, Gärtnerplatz, www.natur-schmuck-design.de, U 1, 2: Fraunhoferstraße, Di,

Einkaufen

Die Auer Dult

Manchmal fehlt etwas im Haushalt, ein bestimmtes praktisches Küchengerät etwa, eine Schüssel in einer handlichen Größe oder dieses spezielle Reinigungsmittel, das schon die Oma benutzt hat und das man nirgends findet – nur auf der Auer Dult. Dreimal im Jahr findet dieser Jahrmarkt zu Füßen der neogotischen Mariahilfkirche statt, die ihren spitzen Turm hoch gen Himmel reckt. Seit 1310 darf in der Au eine Dult, also ein Jahrmarkt abgehalten werden, seit 1905 gilt die heutige Abfolge: Maidult – Jakobidult – Kirchweihdult. Und jedes Mal werden Tassen und Teller, Schüsseln und Platten, sogar einzelne Kaffeekannendeckel feilgeboten, ein paar Schritte weiter Kräuter und Gewürze von Anis bis Zitronat, hier blau karierte leinene Handtücher, dort Kinderhosen und Damenröcke, nebenan »neuartige Patent-Gemüsehobel«, drüben allerlei Geschnitztes, Bemaltes und Mundgeblasenes. Eine ganze Abteilung gehört den Tandlern, die Familienfotos von Anno dazumal, altes Silberbesteck, Maßkrüge, leinene Tischwäsche und allerlei anderes zwischen Antik und Kurios verkaufen. Von altmodischem Charme sind auch die Fahrgeschäfte, das kleinen Riesenrad oder das Kinderkarussell, und wenn man schließlich genug gesehen hat, setzt man sich mit den frisch erworbenen Schätzen auf ein gebratenes Hendl in den Biergarten.

Maidult: in der Woche um den 1. Mai, **Jakobidult:** letzte Juli- oder erste Augustwoche, **Kirchweihdult:** dritte Oktoberwoche. **Infos:** www.muenchen-tourist.de

Mi 11–16, Do 11–18, Fr 11–15 Uhr. Christian Oswald zaubert aus Fundstücken wie Holz, Knochen, Metallstücken, Samen oder Muscheln geschmackvolle und einzigartige Schmuckstücke.

Schmuck pur – **Schmuck WG:** ■ **D 2,** Georgenstr. 58, Schwabing, Tel. 089 287 011 88, www.schmuck-wg.de, Tram 27: Nordendstraße, Di, Mi, Fr 10–17, Do 12–20 Uhr. Susanne Wenzel fertigt charaktervolle Ketten, Ringe und Armbänder in einfachen, edlen, wohlproportionierten Formen, die Metall und Steine zu ihrem Recht kommen lassen. Klassisches Design, aber auch viele witzige Kombinationen mit Stoff, Leder, Federn usw.

Modeschmuck – **Schmuckrausch:** ■ **Karte 2, C 7,** Sendlinger Str. 24, Altstadt, , U 1, 2, 3, 6: Sendlinger Tor, Mo–Sa 10–20 Uhr. Riesige, häufig wechselnde Auswahl an Modeschmuck aus Silber, Glas, Plastik, aber auch Naturmaterialien wie Knochen, Perlmutt, Leder, Samen oder Nüssen, flippig, verspielt, auffällig und unschlagbar günstig.

Uhren und Ringe – **Schmuck & schöne Zeit:** ■ **G 7,** Wörthstr. 8, Haidhausen, Tel. 089 448 70 40, www.kiefer-schmuck.de, U 4, 5: Max-Weber-Platz, Di–Fr 11–19, Sa 11–16 Uhr. Designschmuck von ausgewählten Gestaltern, jeder mit seiner ganz individuellen Handschrift von archaisch bis verspielt. Dazu kommt eine exquisite Uhrengalerie sowie eine große Auswahl ausgesucht schöner Trauringe.

Trachten

Wiesn-Ausstattung – **Angermaier:** ■ **Karte 2, D 6,** Rosental 10, Altstadt,

Einkaufen

Auf der Auer Dult gibt es alles für den Haushalt

www.trachten-angermaier.de, S/U-Bahn: Marienplatz, Mo–Fr 10–19, Sa 10–17 Uhr. Neben dem klassischen Dirndl liegt hier das Hauptaugenmerk auf modernem Trachtenlook. Zum Oktoberfest gibt es günstige Angebote für die komplette Wiesn-Ausstattungen für Damen und Herren.

Jodelladen – **Lederhosenwahnsinn:** ■ **westlich B 1,** Franz-Marc-Str. 10, Borstei, Tel. 089 15 44 84, www.lederhosenwahnsinn.de, Tram 20: Borstei, Fr 15–20, Sa 10–14 Uhr und nach Vereinbarung (Tel. 0172 895 67 29). Sie brauchen eine Lederhose? Wenn Sie hier nicht fündig werden, ist Ihnen wahrscheinlich nicht zu helfen. Herbert Lipah verkauft neu und Second Hand (bei dem langen Leben einer echten Lederhose eher normal), auch Trachtenhüte, Haferlschuhe und ›Wadl-Wadl‹, eine Art Strumpfeinlage für Herren mit zu dünnen Waden, denn man muss schon was zum Herzeigen haben!

Hochwertige Trachtenmode – **Tracht und Heimat:** ■ **Karte 2, D 7,** Oberanger 9, Altstadt, Tel. 089 260-43 21, www.trachtundheimat.de, S/U-Bahn: Marienplatz, Mo–Fr 9.30–18, Sa 9.30–14 Uhr, 1. Sa im Monat 9.30–1 Uhr. Ursula Fröhmer stammt aus einer alten Trachtenschneiderfamilie und ist dem Trend zum modischen ›Schatzi-Dirndl‹ nie gefolgt. In ihrem Laden im Orag-Haus der Münchner Schneidergenossenschaft fertigt sie u.a. das kleidsame ›Münchner Miedergewand‹ mit schwarzem Mieder, silbernen Haken und farbigem Kleid. Eine gute Adresse für hochwertige Trachtenmode, auch für Herren.

Ausgehen – abends und nachts

Die Nacht lebt

Wohin am Abend? Das ist wirklich eine schwierige Frage. Nicht etwa, weil in München frühzeitig die Bürgersteige hochgeklappt werden, sondern weil das Angebot so groß und unüberschaubar ist.

Da gibt es erst einmal die vielen Bierkeller, Wirtshäuser, Beisl und Bistros, in denen man nach – oder statt – dem Essen einfach hocken bleibt und noch ein Bier und dann vielleicht noch eins bestellt. Von derart gemütlichen Lokalen gibt es in München eine Menge in allen Stadtvierteln, für alle Geschmäcker und jedes Alter.

Feinspitze haben etwas anderes im Sinn. Sie machen sich auf die Suche nach den besten Whiskey-Sorten, nach perfekt gemixten Cocktails oder ausgesuchten Weinen. Auf sie warten klassische Bars und elegant gestylte Lounges in allen Spielarten, vom Siebziger-Jahre Retro-Joint bis zur edlen Hotelbar mit Pool und Stadtpanorama.

Die Partyszene

Partysanen finden in München eine vielfältige Clubszene. Schwabing und Haidhausen sind schon seit Jahrzehnten fest in der Hand von Szenegehern, das Glockenbachviertel zieht nicht nur die schwul-lesbische Community an, und auch die Gegend um den Schlachthof hat sich zum beliebten Ziel für Vergnügungssuchende entwickelt. Aber die angesagten Ausgehreviere verlagern sich auch: Die innenstadtnahen Quartiere Hacken- und Angerviertel, die in den Siebzigern und Achtzigern eine relativ geschlossene Promiszene anzogen (Dietls TV-Serie »Kir Royal« ist da eine milieugenaue Studie) und dann plötzlich in der Vergessenheit versanken, sind seit ein paar Jahren wieder da, und die Gegend zwischen Sendlinger Tor und Maximiliansplatz glüht ab Mitternacht regelrecht. Vor allem die Sonnenstraße, eigentlich nur eine laute, verkehrsreiche Verbindung zwischen Stachus und Sendlinger-Tor-Platz, wird nach Sonnenuntergang zur glitzernden Partymeile. Um in die angesagtesten Clubs zu kommen, muss man sich freilich schon etwas anstrengen: Die Einlasskontrollen (Alter? Aussehen? Outfit?) sind erbarmungslos streng.

Trotzdem haben die großen Vergnügungsareale wie die Optimolwerke hinter dem Ostbahnhof und das Backstage an der Friedenheimer Brücke wenig von ihrer Anziehungskraft verloren – die Szene ist eben in Bewegung und für jeden Club, der schließen muss, macht an anderer Stelle ein neuer auf.

Musik und Theater

Unter den »Welthauptstädten der Musik« kann sich München durchaus behaupten. Nicht weniger als sechs renommierte klassische Orchester sind hier zuhause, geleitet von Dirigenten von Weltruf. Immerhin zählt München drei Opernhäuser und mindestens zwei

Ausgehen

bedeutende Konzertsäle, weiterhin Spielstätten für Musicals und Tanzproduktionen. Die Theaterszene ist ebenfalls glanzvoll, von Bühnen wie dem Residenztheater und den Kammerspielen, die zu den bedeutendsten im deutschsprachigen Raum gehören, bis zu kleinen, aber höchst lebendigen Spielstätten wie dem Theater im Fraunhofer (s. S 41) zählt man fast drei Dutzend. Und dazu kommen noch Kabarett- und Kleinkunstbühnen – München macht Kulturinteressierten die Auswahl wahrlich nicht leicht.

Kartenvorverkauf
Monatsprogramm Ticketbox:
www.monatsprogramm-muenchen.de
München Ticket: Tel. 0180 54 81 81 81 (Mo–Fr 9–20, Sa 9–16 Uhr), www.muenchenticket.de
Glashalle im Gasteig: Rosenheimer Str. 5, Mo–Fr 10–20, Sa 10–16 Uhr
Tourist Information Hauptbahnhof: Mo–Sa 10–20 Uhr
Tourist Information Rathaus: Mo–Fr 10–20, Sa 10–16 Uhr

Aktuelle Programmübersicht
Alle vier Wochen erscheint das offizielle Monatsprogramm »München im (April 2011)« der Stadt mit aktuellen Theater- und Musikprogrammen, Ausstellungen, Festivals sowie allen wichtigen Adressen, erhältlich überall, wo es Zeitungen gibt. In den Tageszeitungen, vor allem in der Süddeutschen Zeitung und der Abendzeitung, sind ebenfalls aktuelle Termine zu finden.

Infos, Adressen und Partykalender
www.munichx.de
http://muenchen.prinz.de
www.muenchen.de

Bars und Kneipen

Billig durch die Nacht – **Barschwein:** ■ **F 1,** Franzstr. 3, Schwabing, Tel. 0172 831 19 39, www.barschwein.de, U 3, 6: Münchner Freiheit, tgl. ab 18 Uhr. Fußball sollte man schon mögen, denn das ist das große Thema im Barschwein. Dann aber kommt man leicht ins Gespräch, die sensationell günstigen Preise tun ein Übriges: Mit 2 € ist fast jeder dabei, für Sparsame gibt es 0,1 l Kölsch für 75 Cent, und wer Hunger hat, ruft den Pizzadienst. DJ, jeden Montag Karaoke.

Edel – **Blue Spa Bar:** ■ **Karte 2, D 5,** im Hotel Bayerischer Hof, Promenadeplatz 2–6, Altstadt, Tel. 089 21 20-875, www.bayerischerhof.de, S/U-Bahn: Marienplatz, Odeonsplatz, tgl. 8–22.30 Uhr. Sommer, Sonne, Hitze – jetzt mit einem Cocktail am Pool sitzen … In der edel-puristischen Blue Spa Bar auf dem Dach des Luxushotels Bayerischer Hof wird der Traum wahr, hat freilich auch seinen Preis. Im Sommer gibt es neben der kleinen Karte auch Barbecue, im Winter ist die Eisbar geöffnet.

Gruß von der Bohème – **Café Altschwabing:** ■ **D 3,** Schellingstr. 56, Tel. 089 273 10 22, U 3, 6: Universität, tgl. 8.30–2 Uhr. Recht gründerzeitlich fühlt man sich in diesem mit Stuck und Malereien ausgestatteten Café, in dem sich zu Schwabinger Glanzzeiten Maler und Literaten trafen. Heute ist es ein lässiger Ort, um sich mit Freunden zu treffen, einen Feierabend-Drink zu nehmen oder sich eine Kleinigkeit aus der – überraschenderweise türkisch geprägten – Karte zu wählen.

Nicht nur für Rocker – **Hard Rock Café:** ■ **Karte 2, E 6,** Am Platzl 1, Altstadt, www.hardrock.com, S/U-Bahn:

Ausgehen

Marienplatz, tgl. 12–1, Fr, Sa bis 2 Uhr. Auch das Münchner Hard Rock Café gefällt sich im typischen *western style*, mit Gerichten wie Hickory-Smoked Bar-B-Que Ribs oder Red, White & Blue Burger, in üppigen Portionen (Hauptgerichte um 13 €). Regelmäßig Live-Bands, den obligatorischen Laden gibt es natürlich auch.

Tanzen, trinken, feiern – **Max-Emanuel-Brauerei:** ■ **D 3,** Adalbertstr. 33, Maxvorstadt, www.max-emanuel-brauerei.de, U 3, 6: Universität, tgl. 11–1 Uhr. Ein Münchner Klassiker, vor allem im Fasching, wenn hier die »Weißen Feste« steigen. Das »Max E« ist sehr wandlungsfähig, bietet im Sommer einen schönen Biergarten, das ganze Jahr über ordentliche Wirtshauskost und ist außerdem ein Refugium für Tanzlustige: So abend Rock'n'Roll, Swing und Boogie, Mi und Fr Salsa, Mo M.Jive.

Geschüttelt und gerührt – **Mauro's Negroni Club:** ■ **G 8,** Kellerstr. 32, Haidhausen, www.negroni-club.de, U 4, 5: Max-Weber-Platz, tgl. 18–1, Fr, Sa bis 3 Uhr. Der Gründer des Negroni hat vor einiger Zeit seine eigene Bar eröffnet und serviert immer noch Cocktails von allererster Qualität, dazu tadellose Snacks von der kleinen Karte.

Für Barflys – **Negroni:** ■ **G 7,** Sedanstr. 9, Haidhausen, www.negronibar.de, U 4, 5: Max-Weber-Platz, tgl. 18–2, Fr, Sa bis 3 Uhr. Klassische American Bar mit ausgezeichneten Cocktails, auch Eigenkreationen – probieren Sie mal »Holzsofa«.

In-Bar – **Schumann's:** ■ **E 5,** Odeonsplatz 6, Maxvorstadt, U 3, 4, 5, 6: Odeonsplatz, www.schumanns.de, Mo–Fr 17–3, Sa, So 18–3 Uhr. Die American Bar von Charles Schumann ist in ganz Deutschland bekannt. Hier wird die Kunst, einen Drink zu mixen und zu servieren, allabendlich kultiviert. Das Ambiente ist edel und unaufdringlich, das Publikum durchaus international, Newcomer müssen allerdings mit den ›billigen Plätzen‹ vorlieb nehmen. Auch ein Besuch in der Espressobar ›Camparino‹ lohnt sich.

Letzter Hort der Anarchie – **Schwabinger 7:** ■ **F 1,** Feilitzschstr. 7, www.schwabinger7.de, U 3, 6: Münchner Freiheit, tgl. 18–1 Uhr. Dieser Klassiker sah schon vor 30 Jahren aus, als würde er bald wegsaniert, aber die Sieben steht wie eine Eins. Ob sich etwas verändert hat, ist in der Dunkelheit schwer festzustellen, die Stimmung ist aber immer noch riesig und der Bierkonsum gewaltig.

Proseccostimmung – **Zest:** ■ **E 3,** Adalbertstr. 23, Maxvorstadt, Tel. 089 280 06 66, U 3, 6: Universität, tgl. 17–1 Uhr. Gelungene Mischung aus Bar und Restaurant, im Sommer bei geöffneten Fenstern. Richtig voll wird es erst ab 22

Im Café Altschwabing

Ausgehen

Kino

Wahre Cineasten kommen in München leicht auf ihre Kosten. Gute Filme aus europäischer Produktion, oft OmU, kann man im **Atlantis** (■ Karte 2, C 6, Schwanthaler Str. 2, Innenstadt, www.city-kinos.de, S/U-Bahn: Karlsplatz) oder im **Atelier** (■ **Karte 2, C 6,** Sonnenstr. 12, Innenstadt, www.city-kinos.de, S/U-Bahn: Karlsplatz) sehen. Das Atelier zeigt außerdem jeden Montag um 21.15 Uhr einen Film aus der schwul-lesbischen Filmreihe Mongay. Ein gediegener, komfortabler Filmpalast mit langer Tradition und qualitätvollem Programm ist das **Filmtheater Sendlinger Tor** (■ **Karte 2, C 7,** Sendlinger Torplatz 11, Altstadt, www.filmtheater sendlingertor.de, U 1, 2, 3, 6: Sendlinger Tor). Das **Filmmuseum** im Stadtmuseum (■ **Karte 2, D 7,** St.-Jakobs-Platz 1, Altstadt, www.filmmuseum-muenchen.de, U 1, 2, 3, 6: Sendlinger Tor, S/U-Bahn: Marienplatz, Di–Do 20, Fr–So 18.30, 21 Uhr) zeigt jeden Tag einen anderen Film aus dem eigenen Archiv: Werkschauen, thematische Reihen, Stummfilme mit Klavierbegleitung. Wer auf aktuelle Dokumentar- und Independentfilme steht, ist im **Monopol** (■ **F 1,** Feilitzschstr. 7, www.monopol-muenchen.de, U 3, 6: Münchner Freiheit) richtig, wer aber die Rocky Horror Picture Show im eigens dafür gestalteten Saal oder andere Kultfilme sehen möchte, der geht in die **Museum-Lichtspiele** (■ **F 7,** Lilienstr. 2, Au, www.museum-lichtspiele.de, S-Bahn: Isartor).

Uhr, vorher lohnt es sich aber schon, im Restaurantbereich eines der fein abgestimmten, leichten Gerichte (14–20 €) zu probieren oder an der Bar eine Kleinigkeit zu bestellen. Auf keinen Fall sollte man sich aber die Cocktails entgehen lassen, wer auf Whiskey steht, wird hier ebenfalls sehr zufrieden sein.

Clubs und Discos

Alles für alles – **Backstage:** ■ **westlich A 4,** Wilhelm-Hale-Str. 38 (Friedenheimer Brücke), Neuhausen, www.backstage089.de, S-Bahn: Hirschgarten, tgl. ab 18 Uhr. Riesiges altes Fabrikgelände mit Konzerthalle, Club und Nachtbiergarten, der perfekte Ort zum Feiern, Tanzen, Chillen, Trinken. Bier, Cocktails, Shisha, im Sommer Free & Easy-Festival mit Konzerten, Kino und Kleinkunst, Eintritt frei! Eine der buntesten Partyzones der Stadt.

Electric – **Cocktailhouse:** ■ **F 1,** Feilitzschstr. 25, www.cocktailhousebar.de, U 3, 6: Münchner Freiheit, tgl. 19–1 Uhr, Fr, Sa bis 3 Uhr. Erstens: Cocktails, Zweitens: Tanzen – mehr braucht es nicht für einen gelungenen Abend in Schwabing. Freitags und samstags legen DJs auf, Schwerpunkt elektronische Musik wie Nu-Jazz, Ambient, Electro usw.

Wohnzimmer der Szene – **Holy Home:** ■ **Karte 2, D 7,** Reichenbachstr. 21, Isarvorstadt, U 1, 2: Fraunhoferstraße, So–Mi 18–1, Do–Sa 18–3, im Winter ab 19 Uhr. Cocktails, kleine Gerichte, lässige Wohnzimmer-Atmosphäre, gute DJs legen House, Jungle oder Garage auf. Nur rechtzeitig muss man kommen, später platzt der Laden aus allen Nähten.

In der Partyzone – **Milchbar:** ■ **Karte 2, C 6,** Sonnenstr. 12, www.milch

111

Ausgehen

Klassik gratis

Oper für alle: Im Sommer werden auf dem Max-Joseph-Platz vor der Oper ausgewählte Opern live aus dem Nationaltheater nach draußen übertragen. Dann stehen und sitzen die Opernfans auf ihren Picknickstühlen oder einfach auf dem Boden und lauschen den Konzerten des Bayerischen Staatsorchesters, das traditionell die Freiluftsaison eröffnet, oder großen Opernaufführungen von Puccini bis Mozart (www.bayerische.staatsoper.de).

»Mittagsmusik« und »Ladenschlusskonzert« heißen die Gratiskonzerte im **Gasteig**, bei denen Absolventen der Musikschulen ihr Können präsentieren – oft hoch talentierte junge Leute, die eine angenehme musikalische Auszeit in der Hektik des Tages ermöglichen (www.mphil.de).

undbar.de, S/U-Bahn: Karlsplatz, tgl. Mo–Sa ab 19 Uhr. Durchgestylter Club mit langer Bar, große Tanzfläche. Das Programm wechselt täglich, vom Blue Monday über den »Students-only«-Mittwoch bis zum DJ-Tag Samstag.

Optimal feiern – **Optimolwerke:** ■ **H 8,** Friedenstr. 10, Berg am Laim, www.optimolwerke.de, S/U-Bahn: Ostbahnhof. Bunt gemischtes Party- und Ausgehareal mit fast einem Dutzend verschiedener Clubs, dazu Biergärten und Terrassen, Sommerstrand, Läden, Flohmärkte. Das Brickhouse veranstaltet Themenparties, der Candy Shop macht vor allem Frauen Spaß, im Do Brasil schwirrt die Luft von Merengue, Perreo, Reggaeton, Salsa und Samba, in den Drei Türmen tanzt man zu elektronischer Musik ... eigentlich braucht man gar nicht mehr nach Hause zu gehen.

In ist, wer drin ist – **P 1:** ■ **F 5,** Prinzregentenstr. 1, Lehel, www.p1-club.de, U 4, 5: Lehel, Mo, Di, Do, Fr, Sa ab 22 Uhr. Wahrscheinlich kommt man ja doch nicht rein, aber versuchen kann man's ja mal.

Für immer – **Zoozie'z:** ■ **D 8,** Wittelsbacherstr. 15, Isarvorstadt, www.zooziez.de, U 1, 2: Fraunhoferstraße, tgl. 9–1 Uhr, Do–Sa bis 3 Uhr. Zuflucht für alle Tageszeiten und Lebenslagen. Frühstücken? Na klar. Günstig spachteln? Hier! Kleinen Cocktail schlürfen? Party? Natürlich im Zoozie'z. Frische Luft schnappen? Auf der großen Sonnenterrasse mit Blick auf die Isar. Noch Fragen?

Konzerte und Oper

Große Oper – **Bayerische Staatsoper – Nationaltheater:** ■ **Karte 2, E 6,** Max-Joseph-Platz, Altstadt, Abendkasse Tel. 089 21 85 19 20, www.bayerische.staatsoper.de, U 3, 4, 5, 6: Odeonsplatz, S/U-Bahn: Marienplatz, Tram 19. Eine der bedeutendsten Opernbühnen der Welt, s. S. 49.

Musik in der Residenz – **Herkulessaal:** ■ **Karte 2, E 5,** Hofgartenstr. 2, Altstadt, Tel. 089 29 06 71, S/U-Bahn: Marienplatz U 3, 4, 5, 6: Odeonsplatz. Feierlicher Konzertsaal mit hervorragender Akustik, vor allem klassische Konzerte des Symphonieorchesters des Bayerischen Rundfunks und des Bayerischen Staatsorchesters finden hier statt.

Ausgehen

Eines der bedeutendsten Opernhäuser der Welt: das Münchner Nationaltheater

Heimat der Philharmoniker – **Philharmonie im Gasteig:** ■ **Karte 2, F 7,** Rosenheimerstr. 5, Haidhausen, www.mphil.de, S-Bahn: Rosenheimer Platz. Der große Konzertsaal ist Stammsitz der Münchner Philharmoniker, ab 2012 unter Leitung von Lorin Maazel.

Leichte Muse – **Staatstheater am Gärtnerplatz:** ■ **Karte 2, D 7,** Gärtnerplatz 3, www.staatstheater-am-gaertnerplatz. de, U 1, 2: Fraunhoferstraße. Opern, Operetten, Musicals, Kindertheater, Münchner Tanztheater (s. S. 40).

Kultur und Literatur

Gegenwartskultur – **Freiheizhalle:** ■ westlich **A 4,** Rainer-Werner-Fassbinder-Platz 1, Neuhausen, www.freiheiz.com, S-Bahn: Donnersberger Brücke. Der hohe Schornstein zeigt den Weg zur Turbinenhalle des alten Heizkraftwerks, in dem heute mit Kabarett, Theater, Literatur, Musik und Film »die Tiefen und Untiefen der Gegenwartskultur ausgelotet werden sollen«, sprich: Es gibt Lesungen, Konzerte, Diskussionsveranstaltungen u. v. m.

Heimat des Worts – **Literaturhaus:** ■ **Karte 2, D 5,** Salvatorplatz 1, Altstadt, www.literaturhaus-muenchen.de, U 3, 4, 5, 6: Odeonsplatz. Hier finden Leseratten und Literaturfreunde Lesungen Ausstellungen, Podiumsdiskussionen, Textwerkstatt, natürlich auch ein Café: Das Oskar Maria. Die Künstlerin Jenny Holzer setzte dem Dichter Oskar Maria Graf darin in Form von Texten, die auf Wänden, Geschirr und Möbeln erscheinen, ein bewegendes Denkmal.

Comedy und Kabarett – **Schlachthof:** ■ **B 9,** Zenettistr. 9, Sendling, www.im-schlachthof.de, U 3, 6: Goetheplatz oder Poccistraße. Hier treten die großen Namen der Comedy-Szene auf, aber auch Newcomer, bekannte Solisten und Bands bekommen hier ihre Chance, jeden Montag ist Party-Nacht.

Ausgehen

Livemusik

Jazz von Feinsten – **Jazzclub Unterfahrt:** ■ **H 6,** Einsteinstr. 42, Haidhausen, www.unterfahrt.de, U 4, 5: Max-Weber-Platz, So–Do 19.30–1, Fr/Sa bis 3 Uhr. Der beste Jazzclub der Stadt.

Gemütlich musikalisch – **Kaffee Giesing:** ■ **südlich D 10,** Bergstr. 5, Giesing, www.kaffee-giesing.de, U 1: Candidplatz, tgl. ab 17 Uhr, Livemusik ab 20.30 Uhr. Das vom Liedermacher Konstantin Wecker gegründete Lokal hat heute nicht mehr den ganz großen Promi-Faktor, aber wenn die Musiker die Bühne betreten, ist das Lokal voll. Nebenbei kann man Billard spielen oder die köstlichen Salate probieren, für die das Kaffee Giesing berühmt ist

Die schönste Halle der Stadt – **Muffathalle:** ■ **Karte 2, F 7,** Zellstr. 4, Haidhausen, www.muffathalle.de, S-Bahn: Isartor, Tram 18, Di 22–4, Do 23–4, Fr, Sa 23 Uhr bis ultimo. Im ehemaligen Heizkraftwerk geht es immer noch heiß her – mit HipHop, Eurodance, Reggae/Dancehall, House, Mash-ups/Remixes usw. – ja, was will man mehr? Einen Biergarten? Bitte sehr: Essen und Trinken unter freiem Himmel bis 1 Uhr, nicht nur Deftiges, sondern auch Vegetarisches und Mediterranes.

Live im Wohnzimmer – **Schwabinger Podium:** ■ **F 2,** Wagnerstr. 1, Schwabing, www.schwabinger-podium.com, U 3, 6: Münchner Freiheit, So–Do 20–1, Fr, Sa 20–3 Uhr. Von Rock über Jazz und Dixie bis zu Bayerischem Cabaret – das Podium bietet täglich Livemusik in seiner inzwischen kultigen Wohnzimmer-Atmosphäre.

Immer wieder neu – **Substanz:** ■ **A 8,** Ruppertstr. 28, Isarvorstadt, www.substanz-club.de, U 3, 6: Poccistraße So–Do 20–2, Fr, Sa 20–3 Uhr. Seit mehr als 20 Jahren gibt es diese Live-Konzert-Location, und sie erfindet sich alle paar Monate neu. Was bleibt, ist hervorragende Stimmung, viele Live-Konzerte, hervorragende DJs, jeden 1. So im Monat englischsprachige Comedians, jeden 2. So im Monat Poetry Slam: Es gibt überhaupt keinen Grund, nicht ins Substanz zu gehen.

Schwul und Lesbisch

Beständig – **Deutsche Eiche:** ■ **Karte 2, D 7,** Reichenbachstr. 13, Isarvorstadt, U 1, 2: Fraunhoferstraße, tgl. 7–1 Uhr. Der älteste Treffpunkt der schwul-lesbischen Szene, durch R. W. Fassbinder zum Kultort geworden, präsentiert sich heute mit ganzheitlichem Konzept: ganztägig geöffnetes Restaurant mit leichter, moderner Küche, Hotel und Badehaus mit allem Pipapo.

Fröhlich – **Morizz:** ■ **D 7,** Klenzestr. 43, Isarvorstadt, www.club-morizz.com, U 1, 2: Fraunhoferstraße, So–Do 19–2, Fr, Sa 19–3 Uhr. Bar-Kneipe mit schöner Ausstattung, guter Küche, nettem Service und fröhlichen Gästen jeder Fakultät.

Weiblich – **Melchers:** ■ **Karte 2, E 7,** Buttermelcherstr. 21, www.bar-melchers.de, S-Bahn: Isartor, Mo 18–23, Di–Do 11–23, Fr, Sa 11–1 Uhr. Sympathische Frauenkneipe mit Bar und »Wohnzimmer-Bereich«.

Theater

Jugendstilperle – **Münchner Kammerspiele:** ■ **Karte 2, E 6,** Maximilianstr. 26–28, Innenstadt, www.muen

Ausgehen

Kleine Stärkung, bevor die Nacht beginnt: Café in den Fünf Höfen

chner-kammerspiele.de, S/U-Bahn: Marienplatz, Tram 19. Eine der bedeutendsten Bühnen Deutschlands, s. S. 50.

Tanztempel – **Prinzregententheater:** ■ **H 6,** Prinzregentenplatz 12, Bogenhausen, www.prinzregententheater.de, U 4: Prinzregentenplatz. Das prächtige, nach dem Vorbild des Bayreuther Festspielhauses gebaute Theater bringt Operninszenierungen, Liederabende und Ballettvorführungen.

Großes Theater – **Residenztheater – Bayerisches Staatsschauspiel:** ■ **Karte 2, E 5,** Max-Joseph-Platz 1, Innenstadt, www.bayerischesstaatsschauspiel.de, U 3, 4, 5, 6: Odeonsplatz. Unter der Leitung von Dieter Dorn macht ein großes Ensemble großes Theater.

Mit Mut und Fantasie – **Münchner Volkstheater:** ■ **B 4,** Brienner Str. 50, Maxvorstadt, www.muenchner-volkstheater.de, U 1: Stiglmaierplatz. Wer hier eine Art Komödienstadl erwartet, liegt völlig falsch. Intendant Christian Stückl (der neuerungsmutige Regisseur der Oberammergauer Passionsspiele) scheut weder vor Klassikern zurück noch vor Filmbearbeitungen nach Aki Kaurismäki..

Register

Akademie der Bildenden Künste 61
Albrecht IV., Herzog von Bayern 14
Albrecht V., Herzog von Bayern 14
Allianz Arena 15, 22, **74**
Alte Pinakothek 52
Alter Botanischer Garten 77
Alter Hof 31
Alter Nördlicher Friedhof 61
Alter Peter 33
Alter Ratsturm 32
Alter Simpl 61
Altes Rathaus 14, 29, **32**
Altschwabing 62
Am Siegestor 91
Am Viktualienmarkt 91
Amalienburg 69
Ambiance Rivoli 92
An der Oper 93
Angermaier 106
Anna Hotel 93
Anreise 16
Antiquarium 45
Apotheke 18
Asam, Egid Quirin und Cosmas Damian 74, 78
Atelier 111
Atlantis 111
Atzinger 98
Au 7
Auer Dult 7, 17, **106**
Augustiner 100
Augustinerkeller 95
Aumeister 95

Backstage 111
Badenburg 69
Balla Beni 55
Barelli, Agostino 48
Barschwein 109
Bavaria 74
Bavaria FilmStadt 81
Bayerische Staatsbibliothek 59
Bayerische Staatsoper 112

Bayerischer Hof 93
Bayerisches Nationalmuseum 80
Beck 30
Behinderte 20
Behnisch, Günter 71
Bella Natura 64
Berg 87
Berg am Laim 79
Bernauer, Agnes 75
Biergarten 10
Biergarten am Viktualienmarkt 33
Blauer Bock 91
Blue Spa Bar 109
Blutenburg 75
BMW Welt 15, 73
BMW-Museum 73
Bohne & Malz 100
Botanischer Garten 84
Branca, Alexander von 53
Bratwurstherzl 34
Brauereiführungen 81
Braunfels, Stephan 54
Breitengrad 103
Brenner Grill 51
Brotraum 96
Bürgersaal 76
Bus 23
Bustelli, Franz Anton 70

Café Altschwabing 109
Café Frischhut 34
Café Ignaz 100
Café im Hinterhof 96
Café Klenze 55
Café Luitpold 96
Café Makom 39
Café Münchner Freiheit 62
Café Tambosi 48
Café Voilà 97
Chinesischer Turm 66, 89
Christkindlmärkte 17
Christopher-Street-Day 17
City Tour Card 19
Cocktailhouse 111
Cocoon 91

Confiserie Rottenhöfer // Café Hag 97
Coop Himmelb(l)au 61
Corneliusladen 41
Cosima Wellenbad 23
Curry 98
Cuvilliés, François 46, 48, 96
Cuvilliés-Theater 46

Dallmayr 30
Delikatessen 103
Der Pschorr 34
Deutsche Eiche 114
Deutsches Jagd- und Fischereimuseum 80
Deutsches Museum 19, **42**
Deutsches Museum Flugwerft Schleißheim 80
Deutsches Museum, Verkehrszentrum 81
Dianatempel 85
Dokumentarfilmfestival 17

Ed Meier 105
Ederer 97
Effner, Josef 69, 70
Eisner, Kurt 15
Elisabethmarkt 104
Elly Seidl 103
Elser, Georg 15
Englischer Garten 65

Fasching 16
Feiertage 16
Feldafing 86
Feldherrnhalle 47
Feldmochinger See 22
Ferdinand Maria, Kurfürst 68
Feringasee 22
Feste und Festivals 16
Feuchtwanger, Lion 38
Filmfest München 17
Filmmuseum 111
Filmtheater Sendlinger Tor 111
Fischer, Johann Michael 78

Register

Föhn 13
Fränkische Weinprobierstube 31
Franziska Krines 105
Frauenkirche 14, **35**
Fraunhofer 41
Freiheizhalle 113
Freising 42
Friedensengel 77
Fröttmaninger Kircherl 75
Fundbüro 17
Fünf Höfe 31

Gartensalon 61
Gärtnerplatz 6, **40**
Gästehaus Englischer Garten 91
Gasteig 112
George Frank 61
Gesund & Köstlich 98
Giesing 7
Glockenbachviertel 6, **40**
Glockenspiel 29
Glyptothek 56
Graf, Oskar Maria 47, 61
Grasser, Erasmus 32, 36, 38
Gulbransson, Olaf 64
Günther, Ignaz 39

H'Otello 92
Haidhausen 7
Halspach, Jörg von 32, 35
Hard Rock Café 109
Hauptsynagoge 15
Haus der kleinen Künste 41
Haus der Kunst 81
Haus International 91
Hebbel, Friedrich 94
Heiliggeistkirche 33
Heine, Heinrich 69
Heinrich der Löwe 14, 42
Henriette Adelaide, Kurfürstin 48, 68
Heppel & Ettlich 63
Herkulessaal 112
Herz-Jesu-Kirche 77
Hildebrand, Adolf von 78
Himmelreichbrücke 65
Hirmer 105
Hirschgarten 95
Hitler, Adolf 15, 47, 58
Hofbräuhaus 14, **100**

Hofbräukeller 96
Hofgarten 84
Holy Home 111
Hotel Vier Jahreszeiten 50, 93
Hungriges Herz 96
Hypo-Kulturstiftung 31

Ignaz-Günther-Haus 39
Ilka-Höhe 86
Internetcafés 23
Isar 12, 22, 42
Isar-Athen 14, 56

Japanisches Teehaus 66
Jazzclub Unterfahrt 114
Jüdisches Gemeindezentrum 39
Jüdisches Museum 39
Justizpalast 77

Käfer 103
Kaffee Giesing 114
Karl Albrecht, bayerischer Kurfürst 69, 79
Karl Theodor, bayerischer Kurfürst 14, 65, 77
Karlsplatz 77
Karlstadt, Liesl 83
Kastner, Wolfram P. 58
Kinder- und Jugendmuseum 19
Klee, Paul 63
Kleines Theater im Pförtnerhaus 20
Kleinhesseloher See 67
Kleinod 104
Klenze, Leo von 52, 56
Klima 20
Kloster Andechs 87
Kloster Schäftlarn 86
Klosterkirche St. Anna 78
Kocherlball 67
Konen 105
Königshof 97
Königsplatz 56
Kopfeck 101
Krankenhaus 18
Krauss-Maffei 9
Kräuterhaus Lindig 103
Kriechbaumhof 78
Ksar 41

Kunst und Spiel 104
Kunstareal 52
Kunstbau 82
Künstlerhaus 78
Kustermann 104

Landersdorfer und Innerhofer 98
Laurelius 41
Le Bazar de Cuisine 103
Lederhosenwahnsinn 107
Leinberger, Hans 36
Lenbach, Franz von 81
Lenbachhaus 82
Lenbachplatz 78
Leopoldstraße 7
Liebfrauendom 14, **35**
Literaturhaus 113
Lizard Lounge 41
Loden-Frey 105
Ludwig der Bayer, dtsch. Kaiser 13, 28, 36
Ludwig der Strenge, Herzog von Bayern 45
Ludwig I., König von Bayern 14, 53, 56, 59, 69, 75, 84
Ludwig II., König v. Bayern 30, 40, 49, 70, 79, 87
Ludwigskirche 60
Ludwigstraße 59
Luise 99
Lustspielhaus 63

Magdalenenklause 70
Mann, Thomas 64
Manufactum 31
Maria Amalia; Kurfürstin 69, 78
Mariahilfplatz 7, 106
Mariandl 97
Marienhof 30
Marienplatz 28
Mariensäule 28
Marionettentheater 19
Markt am Wiener Platz 105
Marstallmuseum 70
Mashalla 61
Mauro's Negroni Club 110
Max Emanuel, Kurfürst 14, 48, 68, 80
Max IV. Joseph, König von Bayern 14

Register

Max-Emanuel-Brauerei 110
Max-II-Denkmal 51
Max-Josef-Platz 49
Maximilian I., Herzog von Bayern 80
Maximilian II., König von Bayern 49
Maximilianeum 51
Maximiliansbrücke 51
MaximiliansForum 51
Maximilianstraße 49
Maxvorstadt 6
Melchers 114
Metzgerwirt 99
Michaelibad 22
Michaelkirche 14, 79
Michaelkirche in Berg am Laim 79
Milchbar 111
Milchhäusl 67
Miller, Ferdinand von 75
Miller, Oskar von 43
Monopol 111
Monopteros 66
Montez, Lola 14, 69
Moriskentänzer 32, 38
Morizz 114
Motel One 92
Mother Earth 41
Muffathalle 114
Münchner Bücherschau 17
Münchner Freiheit 62
Münchner Hauptsynagoge 38
Münchner Kammerspiele 50, 114
Münchner Kindl 13
Münchner Lach- und Schießgesellschaft 63
Münchner Stadtmuseum 37
Münchner Volkstheater 115
Museum Brandhorst 55
Museum für Völkerkunde 51
Museum Mensch und Natur 19, 70
Museum-Lichtspiele 111
Museumsareal 52

Nationaltheater 49, 112
natur-schmuck-design 105

Naturbad Maria Einsiedel 22
Negroni 110
Neue Pinakothek 53
Neues Rathaus 29
No mi ya 99
Nona's 97
Nordbad 23
Notruf 22
Nürnberger Bratwurstglöckl 36
Nymphenburger Porzellanmanufaktur 70

Oberwiesenfeld 72
Odeonsplatz 47
Öffnungszeiten 20
Oktoberfest 11, 14, 17
Olympia-Alm 73
Olympia-Schwimmhalle 22, **71**
Olympiahalle 71
Olympiapark 71
Olympiastadion 71
Olympiaturm 72
Opera 93
Opernfestspiele 17
Optimolwerke 112
Orag-Haus 39
Oscar und Paul 41
Ost-West-Friedenskirche 72
Osterwaldgarten 64
Otto, Frei 71
Outland Bar 99

P 1 112
Pagodenburg 70
Palais Törring-Jettenbach 49
Palmenhaus 70
Papierladen 104
Paradiso 41
Park Café 96
Paulaner Bräuhaus 100
Pension Eulenspiegel 91
Pfälzer Residenz Weinstube 48
Philharmonie 113
Pinakothek der Moderne 53
Pollack, Jan 36
Pomeroy & Winterbottom 104

Pommes Boutique 99
Possenhofen 86
Prinz Myshkin 101
Prinzregentenbad 22
Prinzregententheater 115
Propyläen 57

Radspieler 104
Rag Republic 105
Rationaltheater 63
Ratskeller 31
Regierung v. Oberbayern 51
Reisezeit 20
Residenz 45
Residenztheater 115
Rilke, Rainer Maria 64
Rischart 31
Ritzi 93
Roeckl 30
Roseninsel 86
Ruhmeshalle 74
Rumford, Benjamin Thompson Graf von 65

S-Bahn 23
ammlung Schack 83
Schack, Adolf Friedrich Graf von 83
Schäfflertanz 29
Schall & Rauch 61
Schatzkammer 46
Schelling Salon 61
Schlachthof 113
Schleißheimer Schlösser 14, **79**
Schloss Nymphenburg 14, **68**
Schloss Suresnes 63
Schlosswirtschaft Schwaige 70
Schmock 99
Schmuck WG 106
Schmuck & schöne Zeit 106
Schmuckrausch 106
Scholl, Hans und Sophie 60
Schrannenhalle 33
Schuhbecks Gewürzladen 103
Schumann's TagesBar 31
Schumann's 110
Schwabing 6
Schwabinger 7 110

Register

Schwabinger Podium 114
Sckell, Friedrich Ludwig v. 65
Sealife 19, 73
Seehaus 67
Sendlinger Mordweihnacht 14
servus.heimat 104
Sicherheit 22
Siegestor 61
Slips 40
Spanisches Fruchthaus 103
Spielzeugmuseum 19, 32
Sport 21
St. Sylvester 63
St.-Jakobsplatz 37
Staatliche Antikensammlungen 57
Staatstheater am Gärtnerplatz 113
Stachus 77
Stadtcafé 39
Stadtführungen 25
Stadtgründungsfest 17
Stadtrundfahrten 25
Stadtwappen 13
Starkbieranstich 17
Starnberg 86
Starnberger See 86
Stein11 104
Straub, Johann Baptist 78, 79
Stuck, Franz von 84
Substanz 114

TamS-Theater 63
Tantris 98
Taxi 25
Taxisgarten 96
Telefon 23
Theater am Gärtnerplatz 40
Theater der Jugend 19
Theater für Kinder 19
Theater im Fraunhofer 41
Theatinerkirche 14, 47
Theatron 72
Theatron MusikSommer 17
Theresa 105
Therese von Sachsen-Hildburghausen 14
Theresienwiese 74
Tierpark Hellabrunn 19, 80
Tollwood 17
Tourist Information 18
Tracht 12
Tracht und Heimat 107
Tram 23
Troost, P. L. 80
Tutzing 86

U-Bahn 23
Üblacker Häusl 78
Umweltplakette 25
Universität 60
Univiertel 59
Unterschleißheimer See 22

Valentin, Karl 33, 44, 83
Valentin Stüberl 34
Valentin-Karlstadt-Musäum 19, 83
Väterchen Timofei 72
Viktualienmarkt 32
Villa Stuck 84
Viscardigasse 47
Volksbad 44
Volksgarten 58
Volkssängerbrunnen 33

Walderlebniszentrum Grünwald 19
Waldwirtschaft Großhesselohe 86
Walter & Benjamin 99
Wedekind, Frank 61, 63
Wedekindbrunnen 63
Weiße Rose 15, 60
Weißes Bräuhaus 100
Weißwurst 10
Westpark 85
Wiener Platz 7
Wilhelm II., dt. Kaiser 83
Wilhelm IV., bayr. Herzog 53
Wilhelm V., der Fromme, bayr. Herzog 79
Wirtshaus in der Au 44
Wirtshaus Weinbauer 64
Wittelsbacher 14, 45
Wittelsbacher Brunnen 78

Zappeforster 40
Zest 110
Ziebland, Georg Friedrich 57
Zimmermann, Johann Baptist 87
Zoozie'z 112
Zuccalli, Enrico 48, 68, 80
Zum Alten Markt 34

atmosfair
Das Klima im Blick

Reisen bereichert und verbindet Menschen und Kulturen. Wer reist, erzeugt auch CO_2. Der Flugverkehr trägt mit bis zu 10 % zur globalen Erwärmung bei. Wer das Klima schützen will, sollte sich – wenn möglich – für eine schonendere Reiseform entscheiden oder die Projekte von *atmosfair* unterstützen. Flugpassagiere spenden einen kilometerabhängigen Beitrag für die von ihnen verursachten Emissionen und finanzieren damit Projekte in Entwicklungsländern, die dort den Ausstoß von Klimagasen verringern helfen *(www.atmosfair.de)*. Auch der DuMont Reiseverlag fliegt mit *atmosfair!*

Autor | Abbildungsnachweis | Impressum

Unterwegs mit Margarete Graf

Margarete Graf, gelernte Literaturwissenschaftlerin, ist in München geboren und aufgewachsen und pflegt ihre Wurzeln mit Hingabe, auch – oder gerade – weil sie zur Zeit in Köln lebt. Besondere Freude bereitet es ihr, in ihrer Heimatstadt Neues zu entdecken – eine frisch restaurierte Fassade, die interessante Neuerwerbung eines Museums, ein gemütliches ›Beisl‹ oder einen bisher unbekannten Biergarten. Dabei bestätigt sich für sie jedes Mal aufs Neue Eugen Roths Erkenntnis: »Vom Ernst des Lebens halb verschont ist der schon, der in München wohnt.«

Die Autorin, Redakteurin und Lektorin erkundet mit Leidenschaft Städte und Landschaften und hat bereits zahlreiche Reiseführer verfasst. Bei DuMont sind von ihr die Titel »Brüssel« und »Flandern« erschienen.

Abbildungsnachweis

Max Angermaier, Köln: 120
DuMont Bildarchiv, Ostfildern: 37, 40, 60, 73, 82, 94, 101, 102, 107 (Campo), 32, 35 (Kluyver)
iStockphoto.com: 86 (PeJo 29)
laif, Köln: 7, 12, 45 (Adenis /GAFF), 13 (Gerald), 56, 63, 75 (Haenel), 4/5 (Heuer), 87 (Huber), 113 (Kirchner), 11, 21, 28, 54, 57, 65, 69, 74, 76, 85, 115 (Madej), 30, 52, 90, 92 (Maisant/hemis), 25/26 (Modrow), 42, 88/89, 108, 110 (Riehle), 50 (Rigaud), 23, 66 (Steets),
Schapowalow, Hamburg: Titelbild (Atlantide)

Kartografie

DuMont Reisekartografie, Fürstenfeldbruck
© DuMont Reiseverlag, Ostfildern

Umschlagfoto

Titelbild: Odeonsplatz mit der Theatinerkirche

Hinweis: Autorin und Verlag haben alle Informationen mit größtmöglicher Sorgfalt geprüft. Gleichwohl sind Fehler nicht vollständig auszuschließen. Alle Angaben erfolgen ohne Gewähr. Bitte, schreiben Sie uns! Über Ihre Rückmeldung zum Buch und Verbesserungsvorschläge freuen sich Autorin und Verlag:
DuMont Reiseverlag, Postfach 3151, 73751 Ostfildern,
info@dumontreise.de, www.dumontreise.de

1. Auflage 2011
© DuMont Reiseverlag, Ostfildern
Alle Rechte vorbehalten
Grafisches Konzept: Groschwitz/Blachnierek, Hamburg
Printed in Germany